氢能产业环境与技术研究

曲顺利　王江涛　李　琳　编著

中国商业出版社

图书在版编目（CIP）数据

氢能产业环境与技术研究 / 曲顺利, 王江涛, 李琳编著. -- 北京：中国商业出版社, 2022.8
ISBN 978-7-5208-2209-1

Ⅰ.①氢… Ⅱ.①曲… ②王… ③李… Ⅲ.①氢能－能源利用－产业发展－研究－中国 Ⅳ.①F426.2

中国版本图书馆CIP数据核字(2022)第165689号

责任编辑：朱丽丽

中国商业出版社出版发行

(www.zgsycb.com 10053 北京广安门内报国寺1号)
总编室：010-63180647　编辑室：010-63033100
发行部：010-83120835/8286
新华书店经销
北京虎彩文化传播有限公司印刷

*

710毫米×1000毫米　16开　12.5印张　165千字
2022年8月第1版　2022年8月第1次印刷
定价:58.00元

****

（如有印装质量问题可更换）

前　言

时光飞逝，回顾过去的一年，我国面对复杂严峻的国内外形势，经济依旧乘风破浪，行稳致远！2021年，全国平均气温创历史新高，截至2021年12月28日，全国平均气温10.7℃，较常年偏高1.0℃。北方地区降水量为历史第二多，河南特大暴雨极端强降水，郑州降雨量201.9毫米/小时创历史极值。"二氧化碳排放导致气温上升"这一说法也获得了广泛的认同。老百姓也从关注"PM2.5""SO_2"转向"二氧化碳的排放"，"碳达峰、碳减排"入选了2021年度的关键热词。在这种背景下，氢气，最早作为传统化工、石化、冶金、医药等重要支柱产业原料的"古老气体"，以"新能源"的属性重新登上能源革命的舞台，成为市场、资本、企业争相追捧的热点。

人类社会的发展史也包括能源的发展史。纵观人类社会，人类使用的能源从柴草、树木到煤炭，再到石油、天然气，再到今天的新能源，其实就是一个"脱碳加氢"的过程。氢由于资源丰富，来源多样，没有污染，具有可存储性，可再生性，是人们期望的"终极能源"。

1974年3月国际氢能学会成立，宗旨是开展氢能情报交流、引导开展氢能系统研究，鼓励各国利用氢能，推广氢能应用。2017年成立的国际氢能委员会是推动全球氢能产业发展的重要平台，利用这一平台，科学家，企业家们共同呼吁人们重视氢能。

中国是世界上最大的制氢国，2016年3月，国家发改委和国家能源局联合发布《能源技术革命创新行动计划（2016—2030年）》，明确提出重点发展可再生能源制氢、氢能与燃料电池技术创新。2017年5月，科技部和交通运输部出台《"十三五"交通领域科技创新专项规划》，明确提出推进氢气储运技术发展、加氢站建设和燃料电池汽车规模示范，形成较完整的加氢设施配套技术与标准体系。2019年的《政府工作报告》首次写入氢能源，报告提出要推进充电、加氢等设施的建设，使氢能产业发展上一个新台阶，2019年被认为是氢能发展的"元年"。2020年，"碳中和""碳达峰"目标的提出以及相关规划政策的出台，说明我国氢能发展势头不减。

虽然从原料氢到新能源氢已经发展了200多年，但在中国氢能经济还处于发展的初期阶段，有必要从氢的基本知识、氢能的发展、相关产业链的技术方面为大家做一个相对全面的介绍，也是为了氢能的发展进行宣传、推荐和介绍。

本书共有8章。第1章绪论，主要介绍了氢的性质和氢的能源属性；第2章研究背景，主要介绍了氢能的市场和发展背景；第3章国际氢能产业发展分析，主要介绍了相对发达国家氢能的发展模式、政策扶持等内容；第4章国内氢能产业发展分析，主要介绍了我国的氢能产业政策和各地的发展规划；第5章氢能产业链技术分析，主要介绍了氢能相关产业链上各环节的技术发展情况；第6章加氢站技术研究，主要介绍了加氢站技术、建设和运营相关内容；第7章氢能发展的瓶颈，主要介绍现阶段氢能产业发展过程中遇到的问题；第8章结论与展望。

本书的主要作者曲顺利、王江涛、李琳和参与编写的鹿晓斌、郭雷、贺同强等均来自工程设计单位，长期从事煤制氢、天然气制氢、加氢站、氢储能等相关行业的咨询、科研、设计等工作，在这个领域积累了丰富的经验，又通过查阅大量文献资料和相关法律、法规、政策等内容，编著完成了本书。其中，鹿晓斌参与编制了氢能政策相关内容，贺同强和郭雷参与编制了加氢站相关技术章节的内容，在此特向参与编制的同志致谢！

氢能是一门内容广泛且不断更新的学科，而且各地政策不断更新；又因时间紧迫，作者能力也有一定的局限性，书中难免存在错误，在此恳请各位读者批评指正。

编者

2021年12月29日

目 录

第1章 绪 论 /1
1.1 氢的性质 /2
    1.1.1 氢的物理性质 /2
    1.1.2 氢的化学性质 /5
1.2 氢的能源属性 /6

第2章 研究背景 /9
2.1 可持续发展终极能源 /9
2.2 氢能市场情况 /14
2.3 氢燃料电池发展 /15
2.4 新能源汽车发展 /17
2.5 燃油汽车退出市场表 /19

第3章 国际氢能产业发展分析 /22
3.1 发展模式 /23
    3.1.1 美国模式：氢能产业扶持政策先行 /23
    3.1.2 德国模式：制氢先行，产业链由上游到下游的发展道路 /25
    3.1.3 日本模式：应用先行，产业链由下游至上游的发展道路 /26
    3.1.4 韩国模式：制定氢能产业生态战略 /27

3.1.5 其他国家模式 /29

3.2 商业化应用 /30

 3.2.1 氢燃料电池轿车 /32

 3.2.2 氢燃料电池公交车 /32

 3.2.3 氢能列车发展 /33

 3.2.4 加氢站 /33

3.3 政策扶持 /37

 3.3.1 美国 /37

 3.3.2 日本 /39

 3.3.3 韩国 /42

 3.3.4 欧洲 /42

第4章 国内氢能产业发展分析 /44

4.1 国家氢能政策概况 /46

4.2 地方氢能规划及发展概况 /51

 4.2.1 广东省 /51

 4.2.2 北京市 /57

 4.2.3 山东省 /57

 4.2.4 四川省 /60

 4.2.5 上海市 /62

 4.2.6 山西省 /63

 4.2.7 天津市 /65

 4.2.8 河北省 /66

 4.2.9 江苏省 /68

 4.2.10 辽宁省 /70

4.3 大型企业氢能规划布局 /71

4.3.1　国家电力投资集团有限公司 /71

　　4.3.2　中国长江三峡集团 /73

　　4.3.3　国家能源集团 /73

　　4.3.4　中国华能集团 /74

　　4.3.5　中国广核集团有限公司 /75

　　4.3.6　中国石油化工集团公司 /75

　　4.3.7　中国石油天然气集团有限公司 /76

　　4.3.8　中国中化集团有限公司 /77

　4.4　氢能供需分析 /78

第5章　氢能产业链技术分析 /80

　5.1　氢气的制备 /81

　　5.1.1　以煤为原料制氢 /83

　　5.1.2　以天然气为原料制氢 /95

　　5.1.3　以甲醇为原料制氢 /96

　　5.1.4　其他方式制氢 /96

　　5.1.5　氢制备的优缺点对比 /99

　5.2　氢提纯技术 /103

　　5.2.1　氢气质量标准 /103

　　5.2.2　氢提纯技术 /104

　5.3　氢气的液化 /107

　　5.3.1　氢液化流程 /107

　　5.3.2　液氢发展现状 /108

　5.4　氢气的储存与运输 /112

　　5.4.1　氢气的存储 /112

　　5.4.2　氢气的运输 /120

5.5 氢气的应用 /126
    5.5.1 燃料电池汽车 /128
    5.5.2 加氢站 /131
    5.5.3 储能方面 /131
    5.5.4 其他方面 /134

第6章 加氢站技术研究 /136

6.1 国内外加氢站发展概况 /137
    6.1.1 国外加氢站发展概况 /137
    6.1.2 国内加氢站发展概况 /141

6.2 加氢站形式 /150
    6.2.1 站外制氢加氢站 /150
    6.2.2 站内制氢加氢站 /152
    6.2.3 加油加氢合建站 /153

6.3 加氢站等级 /154

6.4 加氢站工艺设备 /155
    6.4.1 工艺系统介绍 /155
    6.4.2 加注压力和加注能力选择 /155
    6.4.3 加氢站设备选型 /157

6.5 加氢站建设费用分析 /159

6.6 加氢站运营成本分析 /160

6.7 加氢站运营安全分析 /165
    6.7.1 危险因素分析 /165
    6.7.2 安全防范措施 /169

6.8 加氢站建站标准参考 /172

第7章 氢能发展的瓶颈 /174

- 7.1 氢气性质定位 /174
- 7.2 民众认识不足,科普不到位 /175
- 7.3 扶持政策连贯性不足 /175
- 7.4 战略定位不明确 /175
- 7.5 审批流程复杂 /176
- 7.6 建设成本过高 /176
- 7.7 归口管理问题 /176
- 7.8 技术标准不统一 /177
- 7.9 技术储备不足 /178
- 7.10 上、下游一体化 /179

第8章 结论与展望 /180

参考文献 /181

第1章 绪 论

　　破纪录的大暴雨，沙漠里的洪灾，南方地区的大雪，近年来极端气候不断造访，各地的气候应急逐步成了常态化。极端天气为何频发？越来越多的人认识到全球变暖是加剧这种气候不稳定性的主要因素。除了构建气候变化应急能力之外，主动采取积极的措施，减少碳排放，推进碳中和目标已成为全人类的共识。这一背景下，作为零碳排放的氢能源，又一次进入了人类的视线。

　　早在16世纪，瑞士的一名医生无意间发现了氢（H），这名医生偶然把铁屑加入硫酸里，发现居然产生了气泡，而且这些气泡可以燃烧。后来，著名化学家、物理学家亨利·卡文迪许（Henry Cavendish），偶然把铁片掉进了试验用的盐酸中，发现有气泡产生，并通过排水法把这种气体收集起来进行认真研究。经过多次试验，卡文迪许得出该气体的密度以及可燃性和爆炸性，并测出这种气体的爆炸极限为9.5%～65%。遗憾的是，卡文迪许并不认为自己发现了新的元素，这是因为他受"燃素说"的影响，始终认为水才是一种元素。

　　1787年"现代化学之父"法国著名化学家、生物学家安托万-洛朗·拉瓦锡正式提出"氢"是一种元素，并用拉丁文给它命名为"水的生成者"，就因为它燃烧后生成了水。

　　1931年年底，美国著名化学家、物理学家，诺贝尔化学奖获得者哈罗德·克莱顿·尤里开创性地发现了氢的同位素（D），后来英国、美国的科学家又发现了另一个同位素氚（T），质量数为3。

1.1 氢的性质

排在化学元素周期表第一位的是氢元素，其原子序数为1，符号是H，原子质量1.00794u。到目前为止，氢是已知的最轻元素。同时，在现阶段在人类对宇宙的认知范畴内，氢的含量最多，占其质量的75%。地球上的氢绝大多数以化合物的形式存在，也有少量的单质氢出现，但是非常少见，只是在火山喷发中偶尔会出现，目前还没有发现大规模的单质氢矿存在。

1.1.1 氢的物理性质

在正常条件下，氢元素不是以单独的原子形式存在的，而是两个H以共价键结合组成相对分子质量2.016的双原子分子氢气，分子式为H_2。一般情况下，氢气无色无味，作为质量最小的一种化学物质，标准状态（STP）下，氢气的密度（0.0899g/L）是空气的密度（1.2930g/L）的十四分之一。20℃的条件下，氢气在水中的溶解度小于20g/L。液氢是很难制得的，它的沸点为-252.8℃，凝固点为-259.3℃。氢有一种非同寻常的性质，即存在正氢和仲氢两种同素异形体，这不同于两个电子和核子的旋转排列。在室温下，氢气中含有25%的仲氢，75%的正氢。这两种组分的性质在能量值、熔点和沸点上均具有很小的差别。这些差别对液氢温度来讲是很重要的。

氢的一些物理性质见表1-1。

表1-1 氢的物理性质表

性质	参数或者数据
熔点	-259.23℃ = 13.92K（三相点，54torr）
熔化热 ΔH_m	28.0 cal/mol（三相点）
熔化熵 ΔS_m	2.0 cal/deg. mol

续表

性质	参数或者数据
沸点	$-252.7℃ = 20.38K$
汽化热	216 cal/mol
汽化熵 Δ 化$_v$	10.6 cal/deg. mol
升华热	245.8 cal/mol (13.96K)
蒸气压 液态 固态	$\log p(atm) = -\dfrac{56.605}{T} + 3.8015 - 0.10458T + 0.003321T^2 - 0.00003219 T^3$ （低于临界点） $\log p(torr) = 4.56488 - \dfrac{47.2059}{T} + 0.03939T$
临界点	$T_c = 33.19K$ $P_c = 12.98$ atm $V_c = 66.95$ cm^3/mol
密度，D 气体 液体 固体	0.08988 g/l 70.6 g/l (-25345) 70.8 g/l (-26245)
临界密度，D_c	335. $P_c V_c/RT_c = 0.3191$
生成热， Δ 成$_f$ (kcal/mol) 在0K时 在25℃时	H_2 (g)　　H (g)　　H^+ (g)　　H^- (g)　　H_2^+ (g) 0.000　51.620　365.138　35.066　355.67 0.000　52.089　367.088　34.054　357.15
在25℃的 生成自由能（kcal/mol）	H_2 (g)　　H (g) 0.000　48.575
在25℃的 S^o (cal/deg. mol)	31.210　27.392
在25℃的 C_p^o (cal/deg. mol)	6.892　4.968
H原子电离势	13.59 eV
H-H键 键能 键长 键力常数	104.2 kcal 0.7414 Å 5.73 (dyne/cm) $\times 10^5$
H原子电子亲和势	0.715 eV

续 表

性质	参数或者数据
溶解度（在1g水中）（H_2压力 = 760torr）	温度（℃）　　　　0　　10　　20　　50 在 N.T.P. 下 H_2（cm^3）0.0214　0.0195　0.0182　0.0161
电负性，X	2.1（Pauling 标度）
介电常数，电常 气体（0℃） 液体 固体	 1.000265（1atm）；1.00500（20atm） 1.225（20.33℃）；1.241（14.64℃） 1.2188（14.0℃）；1.224（13.5℃）
磁化率，χ_m	-1.97×10^{-6} cgs
气体的黏度，η	温度（K）　　　　　$\eta^{(p)}$ 10　　　　　　5.10×10^{-6} 20　　　　　　1.093×10^{-5} 50　　　　　　2.489×10^{-5} 100　　　　　　4.211×10^{-5} 200　　　　　　6.814×10^{-5} 300　　　　　　8.960×10^{-5} 500　　　　　　1.264×10^{-4} 1000　　　　　　2.013×10^{-4}
导热率，κ	温度（K）　　　　κ（cal/cm. sec. deg） 10　　　　　　1.43×10^{-5} 20　　　　　　3.46×10^{-5} 100　　　　　　1.613×10^{-4} 200　　　　　　3.154×10^{-4} 273.16　　　　　4.12×10^{-4} 300　　　　　　4.463×10^{-4}

注释：

（1）实验计算式：$\eta = \dfrac{85.558 \times 10^{-7} T^{\frac{3}{2}}}{T + 19.55} \times \dfrac{T + 650.39}{T + 1175.9} P$

（2）实验计算式：$\kappa = [1.8341 - 0.004458T + (1.1308 + 0.0008973T) C_p^o] \times \eta / M \left(\dfrac{1}{1 + \dfrac{3.2}{T}} \right)$

式中，C_p^o 的单位为 cal/mol·deg，T 的单位为 K，η 为 p，M 为分子量。

1.1.2 氢的化学性质

H–H 键的键能达到了 104.2 kcal/mol,因此氢气在常温下的性质比较稳定,但在高温下,氢能在很多物质中都能燃烧。如果有催化剂存在,氢气可与多种物质发生反应。氢的主要反应包括以下几种。

(1) 与金属反应生成氢化物,如 NaH、CaH_2。

(2) 与金属氧化物反应,将氧化物还原成单质金属,同时氢气与氧结合生成水。

(3) 与非金属反应,燃烧放热,变成酸或水。

(4) 与不饱和的有机物反应生成饱和化合物,如烯烃加氢生成烷烃,或将酮类、醛类还原为醇类。

氢气的主要理化特性及危险特性见表 1–2。

表 1–2 氢气的理化性质及危险特性

标识	中文名:氢[压缩的];氢气			危险货物编号:21001	
	英文名:hydrogen			UN 编号:1049	
	分子式:H_2	分子量:2.016		CAS 号:1333–74–0	
理化性质	外观与性状	无色无臭气体			
	熔点(℃)	–259.2	相对密度(水=1)	0.07	相对密度(空气=1)	0.07
	沸点(℃)	–252.8	饱和蒸气压(kPa)	13.33/–257.9℃		
	溶解性	不溶于水,不溶于乙醇、乙醚			
毒性及健康危害	侵入途径	吸入			
	毒性	LD_{50}:		LC_{50}:	
	健康危害	本品在生理学上是稀有气体,仅在高浓度时,由于空气中氧分压降低才引起窒息。在很高的分压下,氢气可呈现出麻醉作用			
	急救方法	吸入:迅速脱离现场至空气新鲜处,保持呼吸道通畅。如呼吸困难,给输氧;如呼吸停止,立即进行人工呼吸,就医			

续 表

<table>
<tr><td rowspan="9">燃烧爆炸危险性</td><td>燃烧性</td><td>易燃</td><td>燃烧分解物</td><td colspan="2">水</td></tr>
<tr><td>闪点（℃）</td><td>＜-50</td><td>爆炸上限（v%）</td><td colspan="2">74.1</td></tr>
<tr><td>引燃温度（℃）</td><td>400</td><td>爆炸下限（v%）</td><td colspan="2">4.1</td></tr>
<tr><td>危险特性</td><td colspan="4">与空气混合能形成爆炸性混合物，遇热或明火即会发生爆炸。气体比空气轻，在室内使用和储存时，漏气上升滞留屋顶不易排出，遇火星会引起爆炸。氢气与氟、氯、溴等卤素会剧烈反应</td></tr>
<tr><td>《建筑设计防火规范》火险分级</td><td>甲</td><td>稳定性</td><td>稳定</td><td>聚合危害</td><td>不聚合</td></tr>
<tr><td>禁忌物</td><td colspan="4">强氧化剂、卤素</td></tr>
<tr><td>储运条件与泄漏处理</td><td colspan="4">储运条件：储存在阴凉、通风仓间内。远离火种、热源，防止阳光直射。应与氧气、压缩空气、卤素（氟、氯、溴）、氧化剂等分开存放，切忌混储混运。搬运时应轻装轻卸，防止钢瓶及附件破损。采用钢瓶运输时必须戴好钢瓶上的安全帽。钢瓶一般平放，并应将瓶口朝同一方向，不可交叉；高度不得超过车辆的防护栏板，并用三角木垫卡牢，防止滚动。运输时运输车辆应配备相品种和数量的消防器材。装送该物品的车辆排气管必须配备阻火装置，禁止使用易产生火花的机械设备和工具装卸。严禁与氧化剂、卤素等混装混运。夏季应早晚运输，防止日光曝晒。中途停留时应远离火种、热源。公路运输时要按规定路线行驶，勿在居民区和人口稠密区停留；铁路运输时要禁止溜放。
泄漏处理：迅速撤离泄漏污染区人员至上风处，并进行隔离，严格限制出入。切断火源。建议应急处理人员戴自给正压式呼吸器，穿消防防护服。尽可能切断泄漏源。合理通风，加速扩散。如有可能，将漏出气用排风机送至空旷地方或装设适当喷头烧掉，漏气容器要妥善处理，修复、检验后再用</td></tr>
<tr><td>灭火方法</td><td colspan="4">切断气源。若不能立即切断气源，则不允许熄灭正在燃烧的气体。喷水冷却容器，可能的话将容器从火场移至空旷处。灭火剂：雾状水、泡沫、二氧化碳、干粉</td></tr>
</table>

1.2 氢的能源属性

H_2作为相对活泼的还原性气体，是一种非常重要的工业原料，被广泛应用在化工石化、石油加工、电子机械、金属冶炼、食品加工等领域。例如，氢气与氮气反应合成氨，是农业化肥的基础材料；与一氧化碳反应生成甲醇，是碳一化工的起点；在石油加工中，氢气是最重要的调质原料，如柴油加氢、蜡油加氢、汽油加氢、渣油加氢等装置，就是利用氢气改善油品质量，脱除其中的硫、氮等杂质。另外，化纤产业、橡塑加工、农药制作、油脂加工和医药行业等精细化工品产业也大量使用氢气。高纯的氢气还经常作为保护气或还原气，用于精密材料加工、电子元器件加工等高端电子产业中。随着低碳环保要求越来越高，氢因具有还原性，冶金行业开始尝试将氢气用于常规金属材料的冶炼。在食品加工、润滑油生成、高端玻璃等轻工业中，氢气多用于产品调质和加工过程中的保护气。以上这些氢的应用，均是作为原材料或辅助材料使用的。

20世纪90年代，经济高速增长，随之而来的是大量使用化石能源，导致能源危机加剧。同时，严重的空气污染、CO_2排放造成的全球气候变化、可再生电能供应的需求等综合因素影响下，人类开始寻找一种可以替代现有汽油、柴油的新的能源，在这种背景下氢的能源属性逐渐被人们重视。因为氢能洁净无污染，具有燃烧效能高、相对安全可靠、可持续再生的特性，被专家学者认为是未来最具发展潜力的新能源，是人类能源发展的战略方向。

氢所具备的能源属性如下。

(1) 燃烧热值高。氢气的燃烧热值是142 kJ/kg，在目前常见的燃料中是最高的，约是石油的3倍、煤炭的4.5倍。

(2) 储量丰富。虽然极少有单质氢存在，但是氢以化合物的形式广泛地存在于地球上，其中最多的是水（H_2O），我们现在使用的主要能源甲烷（CH_4）、石油（烃类 C_nH_m）、煤炭中都有氢的存在，这就使氢的资源非常丰富，据统计，按元素计算，氢的含量在地球上排第九位，占地壳总量的1%。

(3) 可存储性。与各种能源产品相比，氢的可存储优劣性是相对的；与汽油、柴油等液相能源相比，氢的可存储性是差的；但是与电能相比，氢气的可存储性是优异的，不仅可以做成高压气体、液体，还可以氢化物的形式进行固态存储。

（4）环保性。在空气中，氢气与氧气发生燃烧反应的产物就是单一的水，没有其他物质产生。氢气进入燃料电池，在催化剂的作用下，可以直接释放出电能，排出产物水，不产生任何的二氧化碳和氮氧化物等酸性污染物。如果在以天然气为燃料的燃气轮机发电中掺入氢，不但可以提高发电效率，而且可以减少氮氧化物的排放。

（5）可输送性。氢与其他能源产品相比，氢的可输送优劣性是相对的。氢的可输送性与天然气相当，可以通过汽运、船运运送，气态氢可用长输管道大规模输送气态氢，整体运输成本与天然气相当。与汽油、柴油等液相能源相比，氢的可输送性较差。但输送氢气的建设和运行费用，只占以电力方式输送的费用的一半，如用直径为 1m 的输氢地下管道所输送的氢气产生的能量能够达到十条高压输电线路所输送的能量。

（6）可再生性。氢通过燃料电池反应或燃机燃烧发电后的产物是水，水又可以转化为氢，可循环再生。

正是由于以上这些特性，氢可以同时满足人类对能源、环境以及可持续发展的需求，因此氢气也被认为是"终极能源"。

第 2 章 研究背景

2.1 可持续发展终极能源

人类的能源利用史是人类经济发展史的组成部分。人类的每一次经济高速增长和工业技术革命,都伴随着能源的重要转换。第一次工业革命,机器代替人力,伴随的能源变革是柴草和畜力转变为煤炭和蒸汽,开启了煤炭能源时代。第二次工业革命,发电机的发明,人类进入了"电气时代",电取代蒸汽,成为生活中的主要能源,但煤炭仍然是主要一次能源。1854 年,美国第一口油井钻探成功,标志着石油工业的诞生。内燃机和汽车的发明,把石油推到了能源的主角位置,人类也正式进入"石油时代"。但石油和煤一样,都是化石能源,不可再生能源,都有枯竭的一天,并且这两种能源燃烧后都排放出硫、氮等大量的污染物和二氧化碳这一温室气体。

人类在对全球温度变化和资源枯竭的担忧,以及新时代对可持续发展和美好环境的追求中,迎来了"第三次科技革命",能源变革也进入新能源时代,核能、太阳能、风能、潮汐能等都迎来了高速发展。但是,这些能源都不可存储,无法直接用于交通等领域。在这一背景下,高效、清洁、可持续的"无碳"能源——氢能源已得到世界各国的普遍关注。美国著名学者里夫金(Rifkin)2002 年指出,"全球化石能源经济开始向氢能经济的转型,而且氢能经济时代的到来将引发人类历史上下一次重大的技术革命、商业革命和社会革命"。所以,"氢经济"带给人类的崭新能源是世界经济的发展趋势,其所创造的基础设施、经济体制和居住方式将给人们带来极大的便利。

全世界范围内,一次能源的消费量在下降,消费结构也逐步从煤炭和石油逐步转向天然气和可再生能源。《BP世界能源统计年鉴》最新相关数据显示,全球能源领域因受新冠肺炎疫情的影响,2020年一次能源消费首次下降4.5%,为1945年以来的最大跌幅;石油消费占比大幅下降,而可再生能源则继续保持强劲增长态势,天然气价格跌至历史低点,使其在一次能源中的占比快速增长。但从全世界总能源消费结构看,煤炭、石油、天然气这些不可再生化石能源依然占据着能源中坚地位。煤炭、石油、天然气三种能源分别占比是27%、31%、25%,总占比高达83%。三大化石能源除了C、H这两种主要元素外,还含有S、N、P等其他杂质元素,目前传统化石能源的供能方式还是以直接燃烧为主,燃烧的过程中,必然产生对环境有危害的碳氧化物、硫化物和氮氧化物等污染性气体。其中硫化物和氮氧化物是酸性气体,产生的酸雨会直接造成严重的大气污染;而碳氧化物的排放量最大,它带来的温室效应对环境的破坏是缓慢的,但也是巨大的。这些危害已经对人类生活造成严重影响,使人类的生活质量不断下降,甚至危害到了人类的生存。

传统的交通领域也是污染的重要来源之一。自从人类发明汽车,享受到便捷出行的同时,污染就始终伴随着人类。特别是近半个世纪以来,传统燃油汽车的激增,造成了大量的排气排放物,虽然人们不断升级着柴汽油的标准,但只是减少了其中硫化物和氮氧化物的排放,丝毫没有减少二氧化碳等温室气体的排放,这也是加剧全球温室效应的一个重要因素。目前世界汽车保有量已突破15亿辆,预计未来,随着经济的发展,特别是欠发达地区经济的增长,汽车的保有量还会大幅增加,二氧化碳等温室气体排放加大更加让人担忧。

联合国于 2009 年 12 月在丹麦的哥本哈根组织召开了气候变化大会，与会各方经过数轮谈判，共同努力，最终签署协议，达成了全球主要温室气体排放国家减排目标（如表 2-1 所示）。

表 2-1 哥本哈根联合国气候变化大会制定的减排目标

国家	主要减排目标	备注
美国	承诺在 2020 年温室气体排放量在 2005 年的基础上减少 17%	2020 年退出
欧盟	承诺在 2020 年温室气体排放量相比 1990 年的水平减少 20%	
俄罗斯	承诺在 2020 年温室气体排放量在 1990 年基础上减少 25%	
韩国	承诺在 2020 年温室气体排放量在 2005 年的水平上减少 4%	
日本	承诺在 2020 年温室气体排放量在 1990 年的基础上减少 25%	
中国	承诺在 2020 年温室气体排放量较 2005 年减少 40% 至 45%	
印度	承诺在 2020 年温室气体排放量比 2005 年下降 20% 至 25%	

2015 年 12 月 12 日，应对气候变化里程碑式的文件《巴黎协定》终于通过，参加《联合国气候变化框架公约》缔约方会议第二十一次大会的 195 个国家最终统一意见，与前工业化时期相比，将全球平均气温升幅控制在 2℃ 以内，并且为了更好地控制全球气候变化，各国应该尽力将温度升幅限定在 1.5℃ 以内。

减少二氧化碳排放的唯一途径就是减少柴汽油等碳基能源的使用，而氢恰恰符合这个条件，它可以通过燃料电池发生电化学反应直接输出电能，这就极大提高了能量的转化效率，同时没有任何污染性气体排放。氢与燃料电池的组合就成为新能源时代的里程碑式的变革。

全球碳排放要求日趋严格，叠加能源新技术的升级及可再生能源的快速发展，加快了能源结构向高效、清洁的多元化方向转型。国际能源署指出，到 2050 年，能源结构将发生重大变化，传统化石能源开发如石油、煤炭将被逐步取代或面临转型，而被大力发展的则是新型燃料，如沼气、氢气及氢基燃料、太阳能、生物能等，而氢燃料将占 2050 年全球最终能源需求的 13%。

发展绿色循环经济，保持经济的可持续增长，成为当前全球的社会普遍共识。按最新统计，世界上有30多个国家和地区通过各种方式给出了明确的碳中和时间表，碳排放量总计占全球排放量的50%。

传统能源的日益短缺，再加上生活环境的日益恶劣，是始终困扰人类发展的两大问题。在这种情况下，清洁的、可循环使用的新能源的开发就变得更加紧迫。煤、石油、天然气这些传统能源物质中，有大约80%以上是为交通运输、工业和发电提供能量的，如果这些能源物质可以被清洁能源替代，那么上述两大问题都将迎刃而解。

目前可以替代传统化石能源的清洁能源主要包括太阳能、风能、潮汐能、海水温差能、生物质能、氢能等。其中，太阳能、风能、生物质能等是常规可再生能源，经过多年发展形成了较大的规模。这些传统的新能源存储非常困难，且具有不联系性，它们多数时候只能转换为电，且电也不可长久存储，还具有明显的波动性。这就需要一种二次能源来弥补其缺陷。氢元素量丰富、来源多样、可循环持续、无污染，正是最佳的二次能源载体。它可以通过简单的工艺由电力和水制取，也可以由化石能源转化或者裂解而来。而且它的存储运输方式多样，使用领域广泛，可以直接燃烧，也可以采用燃料电池输出电能，电能转化效率高，过程无污染，比电力易储存。利用氢能的优势是不管氢能如何利用，最后都会变成水，是一种高效清洁能源。所以，氢能最有希望成为能源的终极解决方案。

氢能相比于其他能源，主要有以下几个优势。

（一）氢能储量丰富、无污染、效率高

氢元素是地球上储量最丰富的元素之一，同时也是宇宙中最丰富的元素之一，占宇宙总质量比例高达75%，保证了充足的能源供给。氢元素主要是以非常稳定的水的形式存在，原料具有安全性和可获取性。这一点上可以看出氢能是一种未来能源。

氢气的能量输出方式主要是和氧气发生燃烧反应，释放出化学能。该反应的产物只有水,没有任何其他物质,整个能量输出过程无任何污染,也没有氢气的浪费。同时其效率比较高,在简单的反应条件下就能释放出大量的能量。

(二)氢能源可循环持续发展

氢能源最主要的来源是水,不管是燃烧还是燃料电池反应,产物始终水,这就形成了一个闭环,整个能量的转换是一个循环可持续的过程。

(三)氢能源高热值,低密度,轻量化,长续航

从主要燃料的热值比较表(表2-2)中,可以看出氢气比我们常用的化石燃料的热值高出许多。这就意味着输出同样的能量,需要装载的氢气的质量最小,是交通运输工具实现轻量化的最好方法,特别是在航空航天领域。

表2-2 主要燃料的热值比较表

燃料	主要成分	主要化学反应	热值(kJ/kg)
氢气	H_2	$H_2 + O_2 \longrightarrow H_2O$	142
天然气	CH_4	$CH_4 + O_2 \longrightarrow CO_2 + H_2O$	56
汽油	C_8H_{18}	$C_8H_{18} + O_2 \longrightarrow CO_2 + H_2O$	48
煤	C	$C + O_2 \longrightarrow CO_2$	33
乙醇	C_2H_5OH	$C_2H_5OH + O_2 \longrightarrow CO_2 + H_2O$	27
甲醇	CH_3OH	$CH_3OH + O_2 \longrightarrow CO_2 + H_2O$	20

在当前常规的交通运输领域,特别是中小型汽车行业,氢能源的主要竞争对手是电池,而且电池行业已经占据了大量的市场,技术也相对成熟。但是,氢能与电池相比也有它明显的优势,首先是能量密度,氢能远高于现有的各种电池。比如目前比较成熟的锂电池,其性能达到了最优,目前理论容量最高的两种电池正负极材料的规格(是)负极:4200 mAh/g;正极 $LiMn_2O_4$:320 mAh/g 下,电池能够达到锂电比能量 2 kJ/g,除去电池壳等组件(系数为0.5),最终的比能量为 1 kJ/g。而氢的比能量理论上能够达到 142 kJ/g,比锂电池理论上的比能量高出 70 倍之多,即使加上

储氢材料（以目前所能实现的质量比容量5.4%计算，未来还将持续增加），其比能量7.67 kJ/g，也高出锂电池7倍多。

其次是使用条件，电池的使用温度是-20℃~60℃，虽然在低温情况下可以使用，但是续航历程会有极大的下降，而氢能没有使用温度的限制。在我国的东北地区，甚至是南北极都可以使用。

2.2 氢能市场情况

如前文所述，氢能源与传统能源对比，有其明显的优势，且人类对清洁能源有着急切的需要，整个氢能就出现了巨大的市场空间，氢能也揭开了产业化的大幕。

（一）朝阳产业，市场空间巨大

全球碳排放要求日趋严格，叠加能源新技术的升级及可再生能源快速发展，加快能源结构向高效、清洁的多元化方向转型。国际能源署指出，到2050年，能源结构将发生重大变化，传统化石能源开发如石油、煤炭将被逐步取代或面临转型，而新型燃料如沼气、氢气及氢燃料、太阳能、生物能则被大力发展，而氢燃料将占2050年全球最终能源需求的13%。

因此，氢能产业现在是一个朝阳产业，市场还处于待开发阶段，如彻底取代现有传统能源市场，市场空间有无限的可能。

（二）能源市场有待开拓，国家政策全力扶持

产业的发展，特别是新产业的兴起一般需经历四个阶段：技术研究；过渡到市场；基础设施完善；实现产业化。从发展历史来看，氢已经发展了上百年，并不是一个新产品，现在是换一个领域。其氢能相关的技术和产品的开发和应用已经进行了大量的研究、试验，甚至是市场应用，现在亟待开发的是氢气在能源领域的市场，氢能产业所处的位置是第二阶段过渡到能源市场，氢能产业化已经开启。

产业的发展离不开政策的扶持。许多国家都把新能源特别是氢能列为

下一个产业风口，给予强有力的政策扶持。其中力度最大的是日本，其次是美国、欧盟、韩国等第二梯队，加拿大、巴西、印度等国家也出台相关政策进行扶持。2019年以后，我国也相继出台多项政策扶持氢能产业发展。

日本是世界上最重视氢能发展的国家，也是氢能政策扶持最大的国家，其政府先后发布了《氢能源基本战略》《氢/燃料电池战略路线图》，提出要实现"氢能社会"。根据《世界氢能源基础设施项目总览》所发布的数据，2015年对于全球氢能源的建设，包括液化氢基地、管道、固定式燃料电池等，规模仅4300亿元，这说明氢能源的市场规模仍然不具有竞争性的优势。而从2015年开始进入了平稳的发展期，此后的五年时间内都没有跳跃式的发展。转折出现在2020年，市场沉陷加速增长的趋势，预计到2025年氢能源的基础设施在家用市场的规模将会超过商用规模。所以，预计到2025年市场规模将达到1.24万亿元，到2050年将达到9.9万亿元，这也进一步说明了氢能源受到了前所未有的重视，未来的市场规模会逐渐扩大。

随着上游制氢技术的不断获得突破，中游储氢技术成熟、加氢方面从技术到布局的逐渐完善，下游应用从政策到企业的大力布局，上下游同时发力必将带动氢能产业加速发展。现阶段加速发展，形成突破后，势必迎来长期的大发展。

2.3 氢燃料电池发展

氢能高效转化为电能的主要工具是燃料电池，氢燃料电池的发展决定了氢能的发展。氢燃料电池的特点是体积小，输出功率大，最早因价格昂贵只能应用于航空航天等领域，后来，随着技术的发展，价格相对降低，在交通运输和电力行业推广并应用。现阶段新能源汽车迎来了大发展的时机，"氢能+燃料电池"的组合作为与常规电池的比选项，也迎来了发展的良机。"氢能+燃料电池"体积小，重量轻，电力输出稳定，无污染，可分散可集中，非常适合建设各类规模的供能站。例如，各种规模的分布式能源站，可实现热、电、氢燃气的统一供应。同时也可应用到分散的电源系统，如电动车、无人机、各类船舶的电源系统。现在燃料电池的市场发展非常快，其中以日本为代表的东亚市场一直表现较好，近年北美增长较快，而我国随着各地政策的出台，整体氢能源市场特别是东南沿海也开始升温。

燃料电池的能量转换方式不同于传统的燃烧放热反应，并不经过燃烧，而是直接通过电化学反应，把诸如氢、天然气、一氧化碳、甲醇等燃料和氧化剂中的化学能直接转化为电能，并且不受卡诺循环的限制，可以实现高效电能输出。氢能与燃料电池组合后，就可以稳定持续输出电能，高效、清洁、环保。

氢燃料电池的全称是氢-氧燃料电池，它的本质是原电池，一种电化学装置，一种氧化还原反应。从反应原理上看就是电解水的逆反应。同电池相类似，燃料电池包括阴极（燃料极）、阳极（也称氧极）和电解质。燃料电池工作时，把氢气供给燃料极，氢气通过催化剂的作用释放出电子，电子通过电路进入用电设备后向氧极移动。释放电子后的氢离子（H^+）通过电解液到达氧极；进入氧极的氧气获得电子，生成氧离子（O^{2-}），与氢离子（H^+）形成水，完成整个反应，实现直接化学能向电能的转化效率高达90%，实际应用中一般可以达到40%~70%。整个反应虽然从方程式上看也是$2H_2+O_2=2H_2O$，但是整个过程无燃烧，不排放有害排气排放物，只排放水。正因如此，氢燃料电池被认为是继火电、水电、核电之后的第四大发电技术，受到人类的青睐，各地大力推广并持续投入研发经费进行技术研发升级。

氢燃料电池从早期应用在航天领域，逐步向交通、电子消费品等领域扩展，现在推广力度最大的是氢燃料电池汽车领域。氢燃料电池汽车克服了电动汽车的缺点，而且续航里程更长，操控性能和电动汽车一样便捷。

从国家战略角度上讲，发展氢燃料电池对国家是非常有利的。首先，我国缺油、少气、富煤的能源结构，注定了石油要部分从国外进口，一旦国际形势有所变化，就会威胁到能源安全。如果能够大力发展氢能，特别是交通领域发展氢燃料电池汽车，可以最大限度地减少能源的对外依存度，从而从根本上保障能源安全。其次，大力发展氢能替代，可以实现蓄电于氢，保障电网的峰谷平衡，确保电网稳定。最后，有利于改善我国的环境，减少污染物排放。

综上所述，氢燃料电池的应用推广，从国家层面到相关企业都在积极布局，未来随着应用场景的扩大，从交通运输到便携式设备再到分布式能源站的商业化应用逐步实施，未来氢燃料电池将有着广阔的市场前景，从而带动氢能源的大发展。

2.4 新能源汽车发展

采用氢燃料电池发电是第四大发电技术，也是未来的发展趋势。而从目前来看，氢燃料电池在新能源汽车领域的应用最为广泛。汽车生产企业目前面临的问题是自身产能不足，待该问题解决后，氢燃料电池汽车市场必然会迎来巨大的爆发。其中，物流车辆，特别是类似于机场、港口或是点对点的区域物流运输车，因其使用范围小，便于管理，便于加氢，基础设施投资少等优点，将是氢燃料电池汽车的"引爆点"。

2016—2020 年，我国氢燃料电池汽车保有量逐年上升，其中，2018 年 1527 辆，2019 年 2821 辆，这标志着我国在氢燃料电池汽车行业开始迈入商业化。2020 年，受到疫情影响，氢燃料电池汽车销量有所下滑，氢燃料电池汽车年销量 1177 辆，同比下降 56.8%；保有量 7352 辆，同比增长 19.1%。

燃料电池自身成本和加氢站的布点规模是制约氢燃料电池发展的两大

因素，从近期来看，占据市场主导地位的依然是锂电池新能源汽车。但是，随着技术的发展进步、氢燃料电池的规模化生产，实现规模经济，成本将逐渐降低，长期来看，氢燃料电池汽车必将实现反超。

目前，氢燃料电池汽车已成为各大车企的主要攻关方向。各国政府也陆续出台了相关的扶持政策和法规，推动氢燃料电池汽车的产业化，并推动市场化进程。

在氢燃料电池汽车产业链中丰田率先出现技术突破，Mirai 的量产掀起全球各大大型车企氢燃料电池汽车研发浪潮。目前我国燃料电池汽车仍然处于技术验证与特定考核试验阶段。2015 年 5 月我国发布了《中国制造 2025》，其中在节能与新能源汽车战略中明确提出，"继续支持电动汽车、燃料电池汽车发展，掌握汽车低碳化、信息化、智能化核心技术，提升动力电池、驱动电机、高效内燃机、先进变速器、轻量化材料、智能控制等核心技术的工程化和产业化能力，形成从关键零部件到整车的完整工业体系和创新体系，推动自主品牌节能与新能源汽车同国际先进水平接轨"。

氢燃料电池用在汽车上优势明显。首先，氢的来源丰富，是地球上最多的元素之一，而且是可再生资源。氢通过燃料电池将化学能直接转换为电能，转化效率远高于内燃机的转化效率，没有废热和废气排出，排放物也只有水，不会对环境造成影响。其次，氢燃料电池使用寿命长于现在电动汽车广泛使用的锂电池，同时维护量也很小。另外最为重要的是，燃料电池加注氢气的时间仅 $3\sim5$ min，这比纯电动车（充电时间需要数小时）在应用过程中更加便捷，甚至短于内燃机汽车添加燃油的时间，大大提高了车辆的工作效率，而现在人们对汽车各性能要求越来越高，这无疑增加了使用的便捷性。

现在氢燃料电池在资本界的热度远高于在真正产业界的热度，主要是投资界看中了氢燃料电池汽车整个产业链的发展前景，普遍认为氢燃料电池的技术发展与中国的巨大市场相结合，可以迅速降低成本，打开市场，因此投资机会巨大。

氢燃料电池在汽车中应用的产业链目前也逐渐成熟，包括上游能源供应和下游汽车运转系统，对于能源供应系统中制氢、加氢、运输等是最主要的步骤，其成本与复杂程度决定了上游产业链的应用程度。而对于汽车运转系统主要包括车载高压储氢系统、电池系统、电机控制、电池动力和其他的电相关零件，其核心在于储氢系统和电池系统，这两种系统的设计关系到整个氢燃料电池在汽车上的应用可行性。除此之外，燃料电池应用中需要关注的重点是质子交换膜和供养设备压缩机。

2022年2月4日北京冬奥会正式开幕。"绿色冬奥"作为本届奥运会的主要理念成为一个重要看点。这其中氢能源汽车是最大的亮点。整个冬奥会示范运行超过1000辆氢能源汽车，同时有超过30个加氢站为其配套服务。据报道，丰田公司为冬奥会提供赛事服务车辆中氢能轿车为MIRII型，氢能客车为柯斯达氢擎。之所以选择氢能汽车，主要是因为冬奥会七成的比赛场地均为山区，温度普遍低于零下20℃，这种温度和地形下锂电池汽车很难满足赛事需要。

其实早在2018年11月5日，氢燃料电池汽车就出现在中国首届国际进口博览会汽车展上。当时本田公司不仅展示了其氢燃料电池汽车"Clarity"，同时还展示了小型智能加氢站和氢电转换器。这款车的氢气加注时间约3min，与加油时间相当。同时，现代汽车也展示了其氢能源汽车"NEXO"。

2.5 燃油汽车退出市场表

燃油汽车退出历史舞台已是必然。近几年，越来越多的国家公布了本国禁售燃油车的时间表。同时各大车企也纷纷表示未来将转向新能源车。有专业人士认为汽车行业已经进入了转折点，新能源汽车将全面爆发，也有不少专业人士认为燃油车与新能源车将长期共存。但即便如此，新能源车的发展都是一种趋势。

2020年英国表示,计划将禁售燃油车的时间节点提前10年,至2030年。早在2019年7月27日,英国就宣布"英国将于2040年起停止销售汽油和柴油汽车来减轻空气污染,到2050年,行驶在英国道路上的汽车将全部实现零排放"。为实现《巴黎协定》的目标,法国宣布"从2040年开始,法国将全面禁止采用内燃机动力的汽车上路"。德国联邦参议院以决议的形式宣布,自2030年起新车只能是零排放汽车。挪威宣布从2025年起禁止燃油汽车销售。世界部分国家燃油汽车退出市场时间见表2-3。

表2-3 部分国家燃油汽车退出市场时间表

燃油车禁售国家（地区）	发布时间	实施时间	禁售车型
荷兰	2016年	2025年	传统燃油汽车
美国加州地区	2015年	2030年	传统燃油汽车
挪威	2016年	2025年	非电动汽车
德国	2016年	2030年	传统内燃机汽车
印度	2017年	2030年	传统燃油汽车
法国	2017年	2040年	传统燃油汽车
英国	2017年	2040年	传统燃油汽车/油电混动汽车

国内方面,早在2017年,工信部就开始针对燃油车退出时间表进行研究。2018年6月26日,交通运输部发布了《关于全面加强生态环境保护坚决打好污染防治攻坚战的实施意见》,该意见要求各部门尽快推进新能源的使用,在城市公交、出租车、物流、快递、铁路、港口等领域的应用也需要加快脚步,到2020年年底前,城市这些领域新能源和清洁能源车使用达到60万辆,对于一些重点城市的公交车必须全部替换成新能源汽车。2019年8月20日,工信部在《对十三届全国人大二次会议第7936号建议的答复》中,表示正会同国家发改委等部门对禁售燃油车等问题进行研究,并且支持有条件的地方和领域开展城市公交出租先行替代,设立燃油汽车禁行区等试点,在取得成功的基础上,统筹研究制定燃油汽车退出时间表。从这些文件可以看出,我国虽然还没有正式出台燃油车禁售时间

表，但不会太晚，预计在 2035 年左右开始禁售。

在 2019 年 3 月，海南省率先提出在 2030 年海南省全面禁售燃油汽车。《海南省清洁能源汽车发展规划》提出，2030 年起海南省全面禁止销售燃油汽车，力争将海南省创建成国际第一个清洁能源汽车生态岛，并为其他城市发挥带头、示范的作用，做到车企不销售高污染车、路上不行驶高污染车的目标，加快燃油汽车退出市场的步伐。

除了政府的禁售令之外，各大汽车制造商也提出了各自的"禁燃"时间表。例如，大众汽车在 2030 年停止销售传统燃油车，长安汽车和北汽集团也提出 2025 年在中国全面停售燃油车。

第3章　国际氢能产业发展分析

氢能产业作为绿色经济的代表之一，其发展离不开经济发展水平的提高、配套基础设施的提升以及初期政府的大力扶持。由于氢能产业先导期投入巨大，因此，主要经济发达国家氢能发展集中于某个区域。目前，世界经济规模排名前列的国家都开始规划氢能产业。

近两年席卷全球的新冠疫情持续蔓延，但氢能作为经济复苏和绿色发展的重要路径，发展势头不减。截至2020年年底，以发达国家为代表的多个国家已制定氢能发展战略，明确将氢能规划提升至国家能源战略高度，纷纷制定了较为明确的时间表和路线图，形成较为清晰的发展轮廓。其中，美国、日本是最早发布氢能战略的国家，着力于推进氢能产业链的快速发展，配套支持政策较为健全。整体来看，各国从多个角度推动氢能发展，包括深度挖掘氢能潜力、提升氢能技术研发水平、规范氢能产业相关标准、推进氢能供应链建设完善、加大世界氢能合作力度等。2020年，全球能源转型投资创纪录达到5013亿美元，较上一年度累计增长9%，其中2020年全球氢能投资达15亿美元。随着新冠疫苗的接种普及，主要经济体的经济逐渐开始复苏，经济景气程度上升，氢能产业有望继续发力。

氢能产业作为朝阳产业，将是下一个经济引擎。根据预测，到2050年全球氢能源相关的产业基础市场可为经济的发展贡献每年1.5万亿美元的份额，并且可以创造近3000万个就业岗位，将大大提高全球能源供应的更新，有利于氢能源的推动，如图3-1所示。

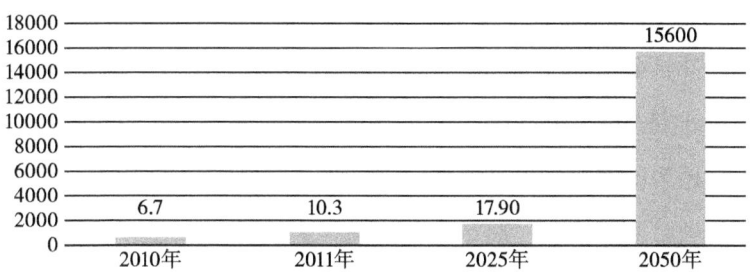

图 3-1 氢能源基础市场规模增长图（单位：亿美元）

与传统热电转换技术相比，氢燃料电池效率高，无污染。包括美国、日本、韩国等发达国家在内的多个国家和地区均将发展氢能和氢燃料电池产业作为国家战略。除了科研领域，也在产业化和市场化方面大力推广。下面将介绍目前美国、德国、日本、韩国等技术发达国家氢能的发展模式和商业化应用。

3.1 发展模式

3.1.1 美国模式：氢能产业扶持政策先行

美国作为世界上经济和技术最发达国家，在氢能领域的研究是最早的，技术也是较为领先的。在美国，氢能源汽车推广最快的地区是加利福尼亚州。截至 2020 年 5 月，加州有 44 个加氢站投入使用，预计到 2023 年年底，将会有 100 个加氢站投入使用。

氢能和氢燃料电池的发展，离不开美国联邦政府和各个地方政府的全力支持。早在 20 世纪 70 年代，石油危机爆发，美国就开始对氢能进行研究，前期就给予了政策支持，主要聚焦在技术研发和技术储备。到了 2002 年，美国的原油进口依赖度超过 60% 后，美国对氢能的政策扶持从理论转向产业，美国能源部发布了《国家氢能发展路线图》，同时加快了氢能技术研究进度，每年投入的研究经费近 2 亿美元，持续扶持氢能方面的研究。美国是世界上第一个把氢能作为国家战略的国家，2005 年通过的《能源政策法案》规定，到2020年氢燃料电池汽车需要做到燃料经济性让更多的人接受，并且要做到更低的排放量，这样才能更好地实现节能减排的目标，同时在安全能力方面要达到2005年轻型车等效。此外，该法案不仅提出要求，还为国家示范项目提供一定的资金，以用于提高氢能源技术，鼓励更多的项目往前推进。对于购车的私人来说，国家会给予8000美元/辆的抵税优惠，用于鼓励个人购买燃料电池用车。

美国对氢能产业的扶持分国家层面和地方层面，两个层面各有不同。从国家层面看，主要是从美国的能源安全角度考虑，对氢能产业发展进行规划，从而开展相关的氢能方向技术研究、开发和项目示范。从地方层面看，各个州的特点也不尽相同，其中以加利福尼亚州最具特色，该州也是美国氢能推广最先进的州，首先是建立了交通运输方面的清洁低碳标准，其次提出了"合格的可再生能源来源"等对交通能源的要求。加州在政策扶持发展交通用氢能上是美国的排头兵。在1999年，加州政府就与相关企业进行合作，成立了燃料电池协会。合作分为四个阶段：第一阶段是科学实验，测试氢燃料电池的性能，并研究如何开展基础设施的建设；第二阶段是交通工具试用，测试续航历程；第三阶段是市场推广，同时为了保证安全可靠，制定了大量的标准和规范，这里有一点特别值得各地政府学习的是，加州政府为了减少人们谈氢色变的问题，特意专门培训了近千名消防员为民众普及相关的知识，并推广成全国范围的培训；第四阶段是氢燃料电池汽车的销售，配套基础设施的建设等。在以上合作的基础上，在2004年，加州政府制订了氢能高速公路发展规划，出台了燃料电池车基础设施框架。2019年，该州政府以行政命令的形式，提出要在2025年建成200个加氢站。同时为了加快氢燃料电池汽车的推广，一方面，政府为氢能汽车购买者提供5000美元/辆的补贴，另一方面，汽车生成企业还提供3年免费加氢，补偿高达15000美元/辆的氢燃料成本。除加州外，还有其他的州也相继出台了相关的扶持政策，但是力度均不如加州。例如，纽约州给予氢燃料电池车 5000 美元/辆的补贴，同时对加氢站给予 25 万美元的补贴；康涅狄格州给予氢燃料电池车 5000 美元/辆的补贴，同时还给予了停车优惠；马萨诸塞州给予氢燃料电池车 2500 美元/辆的补贴；华盛顿州则是在税收上对 43500 美元以下的氢燃料电池车免征销售税；内布拉斯加州是对氢燃料电池车上的储氢储罐给予 50% 的成本补贴或是 4500 美元的整车补贴。

3.1.2 德国模式：制氢先行，产业链由上游到下游的发展道路

德国对氢能的发展也是非常重视，将氢能作为国家战略。总体上也是政策先行，出台国家层面的战略，明确方向和思路，然后发展核心技术，并完善政策体系和监管机制。但是，在氢能产业链的发展上与美国略有不同，作为制造业大国，德国走的是制氢先行、由上游到下游的发展模式。

首先重点发展电转氢模式，可以快速地为氢能下游产业链提供便捷的基础设施，促进下游氢能利用。在上游制氢的基础设施建设上，德国采取围绕核心城市，依托现有天然气管道对外延伸扩展。为了加快氢能基础设施建设，德国政府联手社会资本。为了扶持氢能产业链的发展，德国政府又牵头成立了国家全资公司（NOW GmbH）。该公司启动了"国家氢和氢燃料电池技术创新计划（NIP）"，募集的专项资金达 14 亿欧元，该资金主要用于 2007—2016 年的氢能项目开发。募集资金中的 7 亿欧元由德国政府出资，剩余资金则按项目合作制度由产业提供。由 AirLiquide、Daimler、Linde、OMV、Shell 和 Total 六家涉及氢能产业的企业组成了 H_2 Mobility 联盟，支持德国氢能产业的发展。同时其他相关资本也在氢能产业链上发力，约有 300 家相关公司参与到了氢能基础设施建设的投资中。还有不少大型电力能源公司，也大力发展可再生能源制氢。

2020 年德国通过了旨在推进氢能产业发展的《国家氢能战略》，明确了未来氢能产业分两步走的策略。第一步从 2020 年到 2023 年主要以夯实

国内市场基础为主,重点在制氢、工业、供热、基础设施、国际市场开拓与合作等领域开展行动;第二步开拓欧洲与国际市场,反哺本国经济。

3.1.3 日本模式:应用先行,产业链由下游至上游的发展道路

日本因特殊的国土性质和地理位置,对能源安全问题和气候、环保问题格外关切。日本本身的能源极度匮乏,据报道,其一次能源94%依靠海外供给。为此,日本从政策、技术、市场等方面提高能源效率,同时开发新能源的应用来减少这种依赖。日本也是世界上较早将氢能视为未来国家能源发展方向的国家,而且持续推广多年。1993年,日本实施"世界能源网络计划",开始研究氢能及相关技术。2002年2月,政府施政方针中提出氢燃料电池是打开氢能源时代大门的关键,希望能在3年内投入使用并成立氢能与燃料电池展示项目组,当年投资20亿日元,次年又投资25亿日元。2011年日本福岛发生核事故,核电的发展在日本遇到极大的阻力,"弃核"使日本加速新能源的发展。特殊的能源国情也决定了其特殊的产业发展道路,上游依赖进口,其产业链就由下游至上游的发展道路。日本是世界上氢燃料电池和氢燃料电池汽车领域发展最好的国家之一,在汽车行业成为引领"终极环保车"的行业先锋。2013年5月,日本政府推出了《日本再复兴战略》,把氢能源发展提高到了国家战略,同时启动了为发展氢燃料汽车配套的加氢站等基础建设工作。到了2014年,日本政府对该战略进行了修订,提出建设氢能社会,明确除了氢能汽车,还将大力普及家庭和工业用氢燃料电池,推进氢燃料电池技术开发和降低成本,预计在2030年向市场投入530万块家用氢燃料电池,相当于日本家庭的10%。

除了政府顶层设计之外,日本还组织相关行业、科研机构和用户代表等组成了氢和氢燃料电池战略协会,并公布了《氢/燃料电池战略路线图》,该战略路线图对其氢能源政策、技术和发展方向等进行了全面阐述,并给出了技术推广时间表。在2014年日本发布的《第四个能源基本计划》

中，将氢能定位为同电力和热能并列的核心二次能源，提出建设氢能源社会，即氢能源在日常生活和产业活动中普遍利用的社会。

在《氢/燃料电池战略路线图》中，日本明确了氢能发电是长期发展推广的重点，以及氢能在叉车和船舶方面的应用、建立廉价的氢气系统，促使氢能应用多样化，并于2020年初步构建国际氢能供应链。从该路线图可以看出，其选择的发展路线是产业链的下游至上游。其在前期重点发展氢能及氢燃料电池的下游推广应用，持续拓展市场规模。为了拓展市场，日本也与欧美一样，在人口密集的区域加大了基础设施建设。同时，对氢与氢燃料电池领域，日本持续进行高强度投入，并为氢燃料电池汽车消费者提供远远高于中国、美国及欧洲政府给予的补贴。日本政府2016年投入氢能与氢燃料电池的财政预算达到601亿日元，比2015年的430亿大幅增加。2019年，日本重新修订了《氢/燃料电池战略路线图》。此次修订明确了燃料电池技术、氢供应链技术和电解技术三个技术领域。

本书重点分析日本在氢能补贴方面的力度，这也是日本氢能产业发展的原因之一，目前根据日本规划在未来几年将会逐步取消补贴政策对行业的刺激，转为真正无干预的市场运行。

3.1.4 韩国模式：制定氢能产业生态战略

韩国在氢能领域的研究相对于美国、日本、欧洲等发达国家较为落后。但是基于氢能源市场全球发展的趋势，韩国也陆续公布了推动氢能源的经济政策，比如为了降低对原油的依赖，国家会投资8.43亿美元用于氢能源的应用。由于韩国能源主要依赖于进口，为了弥补这一资源的劣势，2019年就降低煤炭进口，并且期望在2034年可再生能源的应用将大幅度提高。政府的激励措施加上科研的发展使得氢燃料电池系统进一步推广，同时从政府制定的目标来看，氢燃料电池作为再生能源是符合一切可再生能源应用的选择之一。对于国家的战略战策，首尔积极地跟随和推动，力争在2030年将氢燃料电池的应用比例提高到50%。可再生能源占比条例（RPS）的提出表明了韩国政府对推动氢燃料电池的决心，这项政策主要针对5000 MWh的电力公司，规定从2012年起，其必须有2%的电力来源于可再生能源，2022年这一比例提高到10%，大大推进了氢能源在电力方面的应用。

为了加快氢能源生态圈的建立，作为广域市之一的蔚山市政府紧随国家的发展战略。从上游供应来说，从2017年至2020年四年期间氢燃料电池车增加1000台，并且加氢站的数量从1座增加到12座，这样不但为人们使用提供便捷，降低使用过程中的困难，而且有利于氢能源的推动。

韩国制定的氢能发展战略也体现了国家对推动氢能源的强烈意愿和对支持氢能产业发展决心。比如2018年，"氢聚变联盟局"出台了关于韩国建立氢能经济社会方案，方案中指出，太阳能、风能均能够用于产生氢能，力争到2030年建立一个以氢能为主要能源的社会。

另外，韩国在2018年6月制定的《氢燃料电池汽车产业生态战略路线图》，也表明了氢燃料电池作为国家汽车产业发展的主要方向。该路线图中指出，布局氢能源产业生态系统应该尽快提高氢能燃料电池汽车、加氢站的数量。从采取的具体措施来看，2022年韩国政府与企业都投资一定的资金用于支持氢能燃料电池汽车的发展，方式主要是合作为主，比如合作投资、提高氢能燃料电池汽车生产数量、建设加氢站。除此之外，国家也非常重视对于技术的开发，投入1250亿韩元用于相关核心部件和原材料研发。另外，该路线图考虑到氢能源使用过程中会出现的一些经济等方面的问题，还把氢经济相关的法律制度、多样的氢能商业模式等内容编入了国家能源规划。

近年来，一些国家陆续出台相关的政策宣布停售或者限行燃油车，这说明越来越多的国家都在推动新能源汽车的应用，新能源汽车市场势在必行。基于这样的国际大背景，韩国政府积极地推动新能源汽车的发展，以提前占据国际新能源市场,为此制定了一系列策略来推动加氢站商业化、合理的氢能价格、供应管理计划,培植具有市场竞争力的氢能供应系统。

为了进一步提高新能源汽车的应用,韩国政府推出了车辆购置补贴、税费减免以及高速公路费、公营停车场停车费减免等一系列的鼓励政策。具体地,在公民私人购车方面补贴标准是中央政府13.5万元,各地方政府根据情况补助6万~7.5万元,补贴力度如此之大也说明了韩国政府推动新能源汽车发展的决心。在税费方面,购买时最多减免4万元的税费。在加氢站建设方面也有具体的补贴措施,在建设时每个站点补助建设费用的50%,补贴上限为15亿韩元。除此之外,在日常消费方面,高速公路费、公营停车场停车费都可以为氢能燃料电池汽车所有人减免费用的50%。2017年因为各项政策不成熟导致一共销售177台,而在这些具体的措施实施后,韩国签约销售的氢能源汽车逐渐增多,2018年现代汽车的氢能源汽车在一季度的销售量就超过了1000台。

3.1.5 其他国家模式

许多欧美国家也开始重视氢能源的发展,也都制定了相应的战略和发展规划,在积极有序的推进过程中,取得了一些普遍认可的结果。

2002年10月,欧盟为了提高燃料电池技术的发展,成立了高级研究小组,相应的具体措施也落实到了资金的支持上。2003年,欧盟在"氢发展构想报告和行动计划"中指出,在未来的4年内将会累计投资20亿美元,用于支持氢能源汽车的推广。力争到2030年氢能源汽车使用率达到15%,2040年至少达到30%。另外,为了进行大规模的示范试验,欧洲"清洁城市运输项目计划(CUTE)"也投资1850万欧元,用于试验氢燃料电池公共汽车在规模性使用时带来的便利及使用时所出现的问题,以便于后期推广时进行调整。从2002年6月到2006年7月欧洲都在进行试验性分析,对于氢能源供应设施的建设所需要改进的方面进行反复验证,改进多种不同的氢加注装置，为未来的大规模推广做充足的准备。

北美加拿大政府在这方面也有一定的措施，为了开发氢能源项目，政府投资2.15亿加元开展"氢能早期采用者计划"，用于推动包括高速公路、加氢站点、汽车系统开发等基础设施的建设。同时，为了让更多的人了解氢能源，还出资2300万加元用于氢能源汽车的展示，推动其使用。美国的巴拉德公司为了支持加拿大的氢能源发展，建造了世界上第一条氢能公路，在这条公路上建造了7个制氢点，可以在此制取氢气用来促进氢燃料电池的广泛应用。虽然推动力度如此之大，但是我们能看到的仅仅是加拿大对于长期促进氢能源发展的一部分。

冰岛也是比较早提出氢能源的国家，因为其超过一般的能源和电力都来源于水电和地热，所以国家更是大力推进氢能经济的发展。首都的公交车、国家全部机动车和渔船更换为氢能源电池是冰岛采取的比较直接的措施，这样能够快速推进氢能源的发展。

丹麦政府从2012年也采取了相应的政策，比如对纯电动车、氢燃料电池汽车进行免除税收。相关的会议也决定免税政策将会一直持续，以此推动国家氢能源的发展，让大家都能感受到国家推行氢能源应用的决心。

3.2　商业化应用

交通、工业、建筑等领域的能源构成相对单一，所以氢能源的广泛应用增加了能源新的构成，完成能源替代。在交通领域中，由于传统的燃料会严重污染空气，也会有一定的噪声污染，而使用氢燃料电池给汽车提供动力，能够完美地解决全球气候变暖这些严重的环境问题。在工业领域中，氢气作为重要的原材料能够通过简单的反应提供大量的能量，并且无碳排放，这一方面为后期污染治理减轻了很大的压力，降低了企业生产成本，另一方面也促进了产业发展。在建筑领域中，氢能微型热电联产机组技术能够用少量原料来提供大量的能量，大大提高能源利用效率，为环保型建筑的建设提供了有绝对优势的方法。

由于我国国内氢燃料汽车推广主要是以公交车、中型物流车和重卡为主的具有一定经济效益的车型。这三种车型燃料目前主要是柴油、电和LNG或者CNG，由于目前充电桩数量有限且多设置在市区，电动商用车续航能力较弱，因此主要是城市公交以及城管车辆为主，且以目前的电价来看，电动车具有较高的经济性。通过选取2019—2020年LNG平均价作为参考时，LNG重卡相比柴油重卡和氢燃料重卡均具有经济性。因此，目前氢能替代的主要是柴油物流车。本节价格对比，柴油选取2019—2020年国内主营柴油零售均价作为价格参考对比，取平均值5元/L。

和柴油经济性对比可知：要使氢燃料具备经济优势，则氢气销售价格需降低至30~43元/kg以下。尤其是重卡，百公里氢燃料消耗在为7.5公斤左右，若以当前的氢燃料价格60元/kg来看，百公里能耗成本至少超过400元。而同类型柴油车百公里能耗成本在180~200元。因此，氢气成本下降对使用成本降低十分重要，氢燃料的降本之路仍然任重道远，具体如表3-1所示。

表3-1 不同车型百公里燃料价格

公交车			
燃料类型	价格（元）	单价	百公里消耗
氢气	172	43元/kg	4kg
柴油	175	5元/L	35L
电	99	0.765元/度	130度
燃料类型	价格（元）	单价	百公里消耗
氢气	99	33元/kg	3kg
柴油	100	5元/L	20L
重卡			
燃料类型	价格（元）	单价	百公里消耗
氢气	225	30元/kg	7.5kg

续 表

中型物流车			
柴油	225	5元/L	45L
LNG	175	3.85元/kg	45kg

到目前为止，氢作为化工行业的原材料，其制造和使用主要局限在工业领域中，作为能源方面，大部分用在交通领域，以下主要介绍氢能在交通方面的商业应用。

3.2.1 氢燃料电池轿车

随着世界各国支持政策的推出，氢燃料电池汽车使用比例逐渐提高。2015年丰田汽车公司的 Mirai FCV 在美国加州进行销售，上市一个月即收到了高出预期量将近三倍的预订，所以，为了满足消费者的需求公司提高了生产量。这说明国家一系列的支持政策有了初步成效。

除了政策鼓励的原因，还有一点就是汽车的生产成本较上一代降低了95%，价格的降低也是消费者开始尝试新能源汽车的重要原因。相信随着销量增加以及研发部分的不断改进，将会进一步降低汽车生产成本，将再进一步提高汽车的销售量。另外，基于氢能源汽车销售的推广，丰田公司将自己研发的5680项氢燃料电池相关专利（包括正在申请中的专利）的使用权无偿公布给国家，以支持氢燃料电池汽车的普及，其中包括公司所专有的核心技术。

3.2.2 氢燃料电池公交车

除了丰田公司，本田公司也做出了一定的贡献，在2014年，为了推动加州各加氢站的建设，本田贡献了1380万美元的支持，以加速新一代 ClarityFCV 的大规模生产与销售。在保证了基础设施的建设之后，在2015年东京车展上本田公司首次发布了其生产的新一代氢燃料电池车 Clarity FCV，并于2016年底在美国加州正式发布上市，售价约为6万美元。Clarity FCV 相对于 FCXClarity 来说，除外观进行大的改造外，还应用了比较成熟的氢燃料电池技术，其氢燃料电池模组体积缩小33%、能量密度增加60%，并可输出134匹的最大马力，以及超过300英里（480km以上）的续航距离，并且将氢燃料再次加注满仅需要花费 3～5 min 的时间，非常便捷。

公交车在城市交通中起着极其重要的作用，因此公交车的更换应该先行于其他的交通工具。在欧洲推动的项目中，有8座城市已经更换了一定数量的氢燃料电池公交车，其中包括伦敦、米兰、科隆等。据统计，通过这56辆公交车的更换已经减少了6000吨的温室气体排放，既降低了二氧化碳排放，又省了柴油等传统的能源物质。并且此项目从2010年开始至2016年年底规模进一步扩大，参与的城市也都比较一致地认为应该扩大技术的应用范围。

与此同时，欧洲另外一个公交车试运行计划也在筹划中，新计划由燃料电池和氢能公共事业组织（FCH-JU）、公交车运营商、政府部门以及燃料供应商联合倡议，目标是投放上百辆公交车。

3.2.3 氢能列车发展

可持续能源应用的新篇章于2018年9月开启，德国北部投入使用第一列氢动力火车，这两列由 Alston 公司研制的 iLint 火车，在德国汉堡西部的列车线上开始投入使用，替代之前的柴油火车。

Alston 公司在设计过程中重点设计确保车体能保持和原来传统火车一样的运作方式，这样乘客以及列车组人员比较容易接受。最大的不同就是，需要在一个特定的氢气加气站来满足能够跑1000km的气缸。

iLint 火车用的是氢动力技术来驱动火车。氢气是这列火车所需要的主要能源，然后再转化成电力来驱动火车，车上有一块电池用来储存电力。

3.2.4 加氢站

氢燃料电池汽车需要自己的"加油站"——加氢站，下面主要重点介绍目前全世界在加氢站建设方面处于领先的几个国家。该部分关于加氢站建设的数据在目前发展迅速的大趋势下会出现误差。

对比各国在加氢站和燃料电池汽车上的政策扶持情况，在加氢站和燃料电池汽车上扶持力度最大的当数日、韩两国，均在50%以上，这也带动了日本和韩国近年来加氢站和燃料电池汽车的快速布局。同时，日、韩为保障加氢站建设和燃料电池汽车的推广，均加大了补贴力度。日本政府和企业同时参与补贴扶持计划，整体补贴力度最大，加氢站补贴上限达到1080万~1745万元；韩国政府2020年针对燃料电池汽车和加氢站补贴较2019年增长52%，并且从2021年起，改建加氢站与新建加氢站一样，也可获得50%的建设补贴。

从欧美国家的加氢站补贴情况来看，美国加州和德国扶持比例在33%~55%，而且加氢站补贴均从政府拨款的项目中资助，对于补贴的标准没有落实明确的条例。美国联邦政府针对加氢站建站补贴力度较少，加氢站建设主要由各州承担，在加州地区加氢站建站补贴平均可以获得约640万元的补贴；德国政府创立的国家氢能及燃料电池创新项目（NIP）负责地区氢能项目的推广，据不完全统计，不同的加氢站建设从NIP计划中分别获得了45万~90万欧元（合人民币350万~700万元）的项目资金补贴，补助率为33%~50%，具体如表3-2所示。

表3-2 主要国家加氢站补贴情况对比

项目	加氢站可获扶持金额（含地方）		
	建站补贴（万元）	建站扶持比例（%）	运营补贴（万元）
美国加州	640	33~50	/
日本	上限1080~1745	50~66	上限94~153（比例66%）
韩国	上限861	50	/
德国	350~700	33~50	/

另外，为加快推广燃料电池汽车，各国均设置了购置补贴和购置税费

抵免等政策。从欧美国家来看，加州地区联邦政府和地方合计可给予 8 万元单车补贴，德国约 6 万元，但补贴后的燃料电池汽车价格仍然很高。日本和韩国的国家和地方补贴比例约为 2∶1，另外国家层面还有税费减免，总体补贴力度较强。在日本东京和韩国首尔地区购买燃料电池汽车，单车可获补贴分别为 18 万元和 22 万元，另外还有购置税费减免。虽然价格仍然高于同级别的传统燃油汽车，但已经具备初步商业化的基础，具体如表 3-3 所示。

表 3-3　主要国家燃料电池汽车补贴情况对比　　（单位：万元）

项目	燃料电池汽车扶持金额（含地方）	
	购置补贴	税费/通行减免
美国加州	8	
日本	18	1.4
韩国	22	4
德国	6	/

（1）美国。

美国参议院近期决议中提及了氢能和氢燃料电池技术，并充分肯定了其科技意义和社会定位，并把每年的 10 月 8 日作为国家氢能及氢燃料电池日。

美国加州是最早在加氢站建设设计的州，2015 年为丰田氢燃料电池汽车的商业化计划建立配套基础设施。美国加州政府提供了一定的基金以支持氢能源的基础设施建设，在 2024 年之前建成不少于 100 个公共加氢站，并承诺在 2030 年达到上路新车全部为零排放汽车的目标。

美国空气产品公司作为加氢站建设的主力军，在加州累积建设了 37 个加氢站，其中有 12 座 SmartFuel 加氢站已投入运营。另外，除了公交车、私家车所用的加氢站以外，还有 3 座氢燃料电池叉车专用的加氢站点，同时还为其他公司提供技术支持，推动了整个行业的发展。

(2) 欧洲。

在欧洲，2015 年提出了多个计划，比如"氢燃料创新汽车计划（Hy-five）""清洁能源伙伴计划（CEP）"以及"英国氢气流动路线图计划（UKH$_2$Mobility）"等都在积极的推动中，加快了氢能源基础设施的建设和交通的普及，同时正在进行中的是加氢站的建设，因为加氢站的分布范围及数量多少直接决定了氢能源汽车的推广进度。目前已经统计到的加氢站已经超过 200 个，对于加氢站的选址也需要一定的战略部署，主要选址应该位于大城市以及相连的主干道上，这样有利于提高汽车使用时的便捷性。而德国对于加氢站的目标是：2017 年建成 100 座，到 2023 年建成 400 座。如果目标达成，德国高速路上每 90 公里就有一座加氢站，每个城市区将至少有 10 座加氢站，大大方便了使用氢能源汽车的人们进行加注氢气来续航，解决了人们使用时担忧的问题。

丹麦作为当今世界上加氢站最为密集的国家之一，我们不得不提到它。加氢站数量的优势为汽车公司推广氢燃料汽车提供了基础，能够大大促进汽车进入丹麦进行销售，也促进了人们对氢燃料汽车的认可。丰田和本田也相继在 2015 年和 2016 年两年间将公司生产的新型氢燃料电车汽车引入丹麦，极大地推动了丹麦氢能源的发展。

瑞典斯德哥尔摩于 2015 年 9 月投入建设首个加氢站，加氢站获得欧盟的资助，并由全球氢能源技术领导企业林德（Linde）公司建设。在欧盟的推动下陆续地进行了后续的推进，预计未来会有更多的加氢站投入并使用。

法国 Air Liquide 公司对于氢能源的上游系统（包括生产、仓储等）均有着成熟的技术，重要的是该公司对于终端客户的应用开发也具有独特的优势，氢能源供应链相对完整。因此该公司也一直在进行氢能源的推动，主要几种在交通运输领域。短短几年的时间，该公司已经成功建设了 75 个加氢站，其中 5 个位于法国。

氢能源的发展离不开国际大型公司及国家机构的合作，例如由德国联邦交通部牵头组织，壳牌石油公司、H_2 Mobility 计划合作伙伴进行技术及人员的支持，为了加快氢能源的快速应用做出了一系列的工作。在2011年壳牌公司在德国建立了第一座加氢站，并在此后陆续建造了数座。2016年开始，公司进行加氢设备的安装，并在德国汇织了加氢网络，这个网络能够确保使用氢燃料电池汽车的人便捷地加注氢气进行续航。该公司宣称，加氢的成本与传统汽车加油的成本基本相当，续航能力也能够媲美。后期仍然会进行技术的更新，有望能够进一步降低成本，进行大范围的应用。在成本相当的基础上氢燃料电池汽车的优势逐步体现出来，对环境的污染大大降低，这也让国家更有信心来推广氢能源的应用范围和领域。未来还会有更多的机构和组织进行合作推动氢能源的发展，进一步促进全球范围内加氢站的数量，为氢燃料电池汽车的普及提供基础性保障。

3.3 政策扶持

前文提到氢能作为新兴产业，其发展离不开政策的大力支持，下面介绍目前世界主要发展氢能利用国家和经济体的部分政策扶持情况。

3.3.1 美国

美国相继出台了各种政策发展氢能源，通过政府力量的支持，各项补贴顺利地进行着，同时不断出台的各项税收优惠政策使得美国氢能产业得以全方位发展。不只政府出台相关政策，其他国家部门均有不同程度的支持，如能源部（DOE）、交通部（DOT）和环保局（EPA）等部门通过发挥本部门的职能，大力推动燃料电池产业。除了国家部门的支持，一些公司如通用、福特、丰田、戴姆勒奔驰、日产、现代等大型汽车公司也积极响应国家的号召，都在美国加州带头进行燃料电池汽车的技术示范，并通过联合技术公司UTC、巴拉德Ballad等国际知名的燃料电池厂商，完善氢能源的产业链。

2012年，在新能源修订会议上，美国国会重新对HFV和氢储存、制氢和加氢站等基础设施的多项税收抵免和激励政策进行了修改。在这方面加州起到了很好的带头作用，其他各州在讨论后也会出台相类似的政策，这样多项政策的出台持续地推动氢能源的发展（如表3-4所示）。

表3-4 美国燃料电池相关扶持政策及扶持动作

时间	政策内容
2007年	美国南加州对氢燃料电池的生产和研究的设备实行税收全免政策；俄亥俄州250kW以下的燃料电池系统实行税收全免政策，但对250kW以上的系统要征收替代税
2010年	美国加州宣布为零排放、轻量型汽车提供15750美元的回扣激励措施。此外，政府还宣布加州自给自足激励计划项目（SGIP）延长至2014年底。该项目每年为加州CHP、风能、废热循环利用和储能项目提供约5.23亿美元的资金支持
2012年	美国政府向国会提交了总额达3.8万亿美元的2013财年政府预算中，将向美国能源部拨款63亿美元，用于燃料电池、氢能、车用替代燃料等清洁能源的研究、开发、示范和部署等活动
2012年	美国国会在新一期的能源修订会议上重新修订了氢燃料电池政策方案。修订后ITC（美国国际贸易委员会）燃料电池税收抵免政策主要有以下几个层次。 5000美元/千瓦时的燃料电池系统，实现至少70%的效率转换对应50%的税收抵免。 4000美元/千瓦时的燃料电池系统，实现至少60%的效率转换对应40%的税收抵免。 3000美元/千瓦时的燃料电池系统，只要达到30%的效率转换对应30%的税收抵免。 重新修订的燃料电池政策还包括了HFV以及储氢、制氢以及加氢站等基础设施的奖励政策，根据新法案的规定，任何氢能基础设施的运行均可享受30%~50%的税收抵免
2013年	美国加州立法机关通过了一项价值达20亿美元的延长纯净汽车和燃料补贴到2023年的法案。该法案要求每年建设2000万美元的加氢站，直到至少在加州有100个公用的加氢站
2013年	美国能源部宣布出资100万美元，旨在分析和评估氢燃料的生产和运输的潜在成本研究
2015年	美国能源部宣布将在燃料电池和氢技术行业投资超过2000万美元，其中有10个项目将得到资助，旨在推进燃料电池和氢技术，并实现早期燃料电池的应用，如轻型燃料电池汽车（FCEV）

3.3.2 日本

日本发电所用到的能源70%以上都是传统的化石资源,虽然在FIT制度实施之后太阳能发电占有的比例逐渐增大,但是传统能源仍然占有绝对的优势,加上国土面积小,传统的能源物质资源储存不丰富等特点,日本非常重视可再生能源的应用。因此,日本属于发展燃料电池最积极的国家。同时考虑到对于环境的保护,燃料电池是目前可再生能源中比较容易进行产业化的能源物质,并且可以很便捷地应用于汽车动力,这也是日本对氢能源大力发展的重要原因。因整个国家的战略重视氢能源的发展,所以以日本经产省为代表坚定地开展氢燃料电池汽车试验。为了支持新型技术的开发,政府相继投入数千亿日元用于氢能源基础研究和示范推广(如表3-5所示)。

表3-5 日本燃料电池相关扶持政策及扶持行动

时间	政策内容
2009年	日本发布了一个经济刺激方案,总投资15万亿日元,为可再生能源发电项目提供资金,包括电动车、燃料电池和二氧化碳的搜集和存储技术研发。同时,为购买包括混合动力车在内的环保汽车主要提供10万~25万日元的补贴,为购买Ene-Farm的企业或个人提供大约50%的费用减免
2009年	隶属于经济产业省的燃料电池商业化组织(FCCJ)发布了《燃料电池汽车和加氢站2015年商业化路线图》,明确指出2011—2015年开展燃料电池汽车技术验证和市场示范,随后进入商业化示范推广前期
2011年	日本政府计划在5年内斥资2090亿日元开发以天然气为原料的液体合成燃料技术、车用电池以及氢燃料电池技术
2013年	日本经济产业省启动了对商业化加氢站的补贴计划,每个加氢站可以获得最高相当于投资成本50%的政府资金补贴,仅当年就有5个公司的19个新建加氢站计划申请获得了补贴
2014年	日本经济产业省发布《氢燃料电池普及促进策略》,将氢燃料、氢燃料电池车相关国际技术标准引入国内,并将其作为国内行业标准。同时还修改《高压气体保安法》,将每次补给的氢燃料压力上限由大约700个大气压升至875个大气压,从而扩大氢气罐容量,将续驶里程提升20%

续　表

时间	政策内容
2014年	为了在日本本土市场大力推广燃料电池车，日本政府为每辆燃料电池车提供至少200万日元的补贴
2014年	日本氢能/燃料电池战略协会对外公布了日本的《氢/燃料电池战略路线图》：第一阶段是从当前到2025年，快速扩大氢能的使用范围，旨在将日本户用燃料电池装置的数量分别在2020年和2030年提高到140万台和530万台，2015年燃料电池车加氢站增加到100座；第二阶段是2020年中期到2030年底，全面引入氢发电和建立大规模氢能供应系统，旨在从海外购氢的价格降到30日元/m^3，扩大日本商用氢的流通网络；第三阶段从2040年开始，旨在通过手机和存储二氧化碳，全面实现零排放的制氢、运氢和储氢
2014年	2014年6月19日，日本政府制定了普及以氢为燃料的汽车及家用电池的时间表。着眼于2015年燃料电池车的正式上市，将引进购车补贴制度。到2030年，力争实现氢发电站的实用化，将把不产生温室气体的氢定位为新型能源，加快相关产业的发展
2015年	2015年6月，日本东京都交通局宣布将于7月下旬开始对丰田汽车与日野汽车开发的计划于2016年度上市销售的"丰田燃料电池巴士"进行试运行考核，考核其在东京市中心区域拥堵及频繁变更车道行驶工况下的行驶性能等。东京都为了在2020年东京奥运会期间实现建立"氢能社会示范区"的目标，除准备推广6000辆燃料电池乘用车外，还将逐步将东京的"都营巴士"替换为燃料电池客车，进一步推动燃料电池巴士的应用和产业化
2015年	2015年6月，日本国立研究开发法人"新能源及产业技术综合开发机构"（NEDO）宣布部署新的燃料电池汽车研发项目

　　燃料电池商业化组织（FCCJ）是经产省成立的氢能源支持组织，在2009年和2010年先后发布了《燃料电池汽车和加氢站2015年商业化路线图》，该路线图目标明确提出未来的四年时间需要开展燃料电池汽车技术试验，并进行市场示范，最终能够进入商业化的推广。除相应的鼓励带动政策外，日本政府也为购买氢燃料电池相关的家用电器提供50%的费用减免，对生产的企业也有相应的鼓励，这种优惠政策极大地促进了燃料电池技术在日本的发展。此外，不仅有费用减免，购买汽车燃料电池将会获得丰厚的补贴。丰田公司对于交通运输工具所用的燃料电池技术发展越来越成熟，所以日本政府为了提供基础设施的保障，开始对加氢站建设进行大

规模补贴，最高补贴可达到投资成本的50%，这大大鼓励了公司对加氢站的投资。因此在汽车开始销售时，为了增加人们对燃料电池汽车的吸引力，也为了降低因经济带来的负担，国家对购车者提供的补贴有1970美元。

从2015年开始，日本建成并投入使用的加氢站多达45座，这不但为氢能源发展提供了可靠的保障，也标志着氢燃料电池在汽车领域的应用进入商业化实用阶段。为了更快更大范围地应用，同时进行着的是政府对氢燃料电池汽车的示范推广。此外，日本东京都交通局对已经上市销售的汽车进行考核，考核内容为汽车在东京市中心区域的运行情况，包括行驶在拥堵及频繁变更车道的路段时汽车的性能，在2015年即完成对丰田和日野汽车申请在2016年度上市销售氢燃料电池汽车的试运行考核。除在日常运行中的应用外，东京都还将氢燃料电池推广到奥运会期间，提出了2020年东京奥运会完成"氢能社会示范区"的目标，国家与公司合作，推广6000辆燃料电池乘用车，目标是逐步将东京的城市公交车都替换为氢燃料电池公交车，这样会加快氢燃料电池车的大规模应用和产业化。并且在此后的时间里，日本政府将持续对燃料电池产业进行补贴、税收优惠，同时也将继续投资各类技术开发的研究，对进行产业化的公司大力扶持，目的是使国家在氢燃料电池领域的技术达到国际领先地位，并实现一定的垄断性，这就需要强大的研发作为后盾，迅速开发各项专利。

因为有了国家政策的支持，并采取了一系列具体的鼓励措施，日本的氢燃料电池领域所拥有的专利数量居世界第一，据统计日本的专利已经超过1500个，而排在第二名的美国的专利数量仅为日本的1/5。其中，主要原因除国家扶持政策外还在于汽车公司，日本的汽车工业居各行业领先地位，所以，各国的氢燃料电池汽车是以日本汽车工业为主。而且据统计，在目前所有的氢能源方面的专利中，排名前10的专利权人中，日本机构占据70%，这离不开日本政府对技术研发的支持与鼓励，使得企业及研发部门具有优异的研发条件,并且在人才培养方面也进行完善,开发出更多的专利技术,大大地推动了氢燃料电池在汽车领域的应用。

为了推动全球氢燃料电池在汽车领域的应用,避免在同一领域出现垄断状况,丰田也宣布开放专利,推动整个汽车行业的发展。

3.3.3 韩国

韩国的国土能源匮乏,一直以来都是能源进口大国,因此国家也在寻找新的能源技术,来提高国家的能源架构。氢能源的发现及推广给韩国带来莫大的机遇,从 2008 年起韩国就推出了低碳绿色增长战略,投入大量的资金用于进行氢能燃料电池研发;2009 年,就提出了新的目标,力争到 2020 年氢燃料电池的使用量占首尔全部替代能源的 30%(如表 3-6 所示)。

表 3-6 韩国燃料电池相关扶持政策及扶持动作

时间	政策内容
2008 年	实施"低碳绿色增长战略",其中氢能燃料电池研发项目投资 16.38 亿韩元
2009 年	韩国首都首尔计划推广氢燃料电池的使用,力争到 2020 年使氢燃料电池的使用量占首尔全部替代能源使用量的 30%
2010 年	实施"百万绿色家庭项目",计划在 2020 年前向安装不同类型可再生能源设施的家庭补贴 100 万。政府的目标是在 2020 年之前安装 10 万套 1kW 的燃料电池系统,安装补贴在 2010—2011 年之前达到 80%
2010 年	韩国公布了已斥资 380 亿美元建设"绿色新政"项目,其中许多计划都与燃料电池和氢能项目有关
2012 年	实施"绿色氢城市示范"项目,计划在 2012 年到 2018 年投入总额达到 877 亿韩元(中央政府出资 520 亿韩元,地方政府 185 亿韩元,私人投资 172 亿韩元)建设绿色氢城市。主要投资内容为氢气的生产和管理、燃料电池的生产等

3.3.4 欧洲

欧盟最早成立"燃料电池与氢联合行动计划项目(FCH-JU)",是国际上比较早支持氢能源电池应用的地区,并且经过数十年的发展,一如既往地扶持氢能源电池行业。

一个行业的发展永远离不开资金的支持,欧盟从 2008 年开始的五年时间内至少投资了 9.4 亿欧元用于氢能源行业的研究和发展,其中欧盟计划从第七框架计划中拿出 4.7 亿欧元,涉及氢气车队项目、ZERO–REGIO 项目和小型车辆氢气链项目的公开实验,为 2015 年商业化进行技术储备(如表 3-7 所示)。

表 3-7 欧盟燃料电池相关扶持政策及扶持动作

时间	政策内容
2008 年	欧盟 2008 年出台了燃料电池与氢联合行动计划项目(FCH–JU),在 2008 年至 2013 年至少斥资 9.4 亿欧元用于燃料电池和氢能的研究和发展,涉及的项目包括氢气车队项目、ZERO–REGIO 项目和小型车辆氢气链项目的公开实验。到 2011 年,FCH–JU 运营基本正常,正在进行的项目 44 个(投资 7.9 亿元),涉及 250 家合作伙伴。2010 年调用了 27 个项目,投资 7 亿元,于 2011 年年底正式启动
2012 年	实施了 Ene–field 项目,项目包含 12 个欧盟成员国,9 家燃料电池系统制造商和接近 1000 套微型 CHP 系统。项目至少会持续 3 年,有可能延续到 2017 年,计划投资 5300 万欧元
2013 年	2014—2020 年,欧盟将启动 Horizon2020 计划,计划中氢和燃料电池的投入预算可能达到 220 亿欧元

第4章 国内氢能产业发展分析

我国的基本能源特征是"富煤、贫油、少气",这也决定了长期以来"以煤为主"的高二氧化碳排放的能源消费结构。2020年,我国的煤炭消费总量再创新高,达到了49.8亿吨,比上一年增长2.2%。其中,煤炭、石油、天然气在能源消费中分别占比56.7%、19.1%、8.5%。纵观全球及中国的能源结构,化石能源在能源消费结构中的占比仍超过80%,成为温室气体排放的根源。

新领域的发展需要顶层政策大力扶持,目前从国家层面到各地省市,特别是经济发达地区对氢能发展越来越重视,这主要建立在国家在该领域的政策支持和技术导向上。

近年来我国在各个领域均有了快速的发展,对于氢能源行业我国自然不能错过这个机遇。我国国土面积大,人口众多,在生产、制造、研发等行业人才济济,因此氢能源行业也是发展迅速。在2015年我国产氢量超过2200万吨,占据世界产氢总量的三分之一,已经成为世界不可替代的产氢大国。一个产业的发展首先离不开国家的鼓励扶持,近几年来我国政府出台的多项产业政策为氢能产业的发展提供了政策保障。总体来说,2016年国家发布《"十三五"国家科技创新规划》,其中提到从2016年后的五年期间要坚定不移地发展氢能源行业,推动氢燃料电池技术在各个领域的应用。同时,为了响应国家的号召,相关部门譬如工信部也发布了新能源汽车技术路线图,这需要汽车协会的支持,并要与汽车生产企业进行合作。

再如氢能标准委员会发布了《中国氢能基础设施》，在这项发布中对我国氢能目前的发展进行了全面统计，并对未来的发展提出了较好的方向及建议。

基于目前氢燃料电池的发展，中国汽车工业协会推测，2030年我国燃料电池、氢能汽车的产量有望突破万亿元大关。

未来氢能源汽车将与传统的燃油汽车、电动汽车占据同样的地位，并且占比将逐渐提高，取代传统的燃油汽车。从开始的无人关注到后来的与传统汽车平分天下，我国氢能源行业正经历着巨大的变革。有了前期超出预期的发展，对以后的发展方向国家更加明确，在政策方面有了更深的扶持，从大城市到小的城镇上都有了氢能源的热度。除此之外，越来越多的企业不断地开创氢能源应用的新领域，为氢能产业商业化"拓荒"，进一步推动了国际顶尖氢能企业加入中国氢能市场，既有利于中国氢能的发展，又有利于全球化趋势的发展。

中国为什么要发展氢能？第一，发展氢能完全符合我们的国情。我国的资源储备是缺油少气相对富煤，煤比较多，而煤制氢在所有制氢领域是成本最低的。第二，每年大量可再生能源的弃用。我国可再生能源装机量逐年增长，但是每年弃用的电量非常惊人。比如大渡河水电站一年的弃电量足以制取24亿方氢气，这些氢气能够支持数个加氢站一年的运营。第三，化工生产的副产氢，包括焦炉气、煤制气、煤制油、煤化工，我国的化工企业制氢量很大。前面也提到我国人口众多，比较适合氢能发展，在汽车领域和发电领域都有巨大的市场，引起氢能源发展潜力巨大。第四，氢能本身能量密度高，无污染排放，是解决目前人口众多所需要的大量能源供应的重要路径，能够弥补传统的化石能源污染环境的局限性，为建设可再生能源、低碳清洁、安全高效的多结构能源体系提供一个新的途径。

氢能源大规模应用将会推动我国能源转型，因为氢作为二次能源，具有其他能源形式不可比拟的优势。在国际化发展的大形势下，燃料电池有了新的发展，各项技术不断突破，为氢能源在各项领域的发展提供了强大的技术支持。因此，我国在 2050 年时将能够提高各终端能源体系的氢能源占比，比如在交通、化工、建筑等领域，未来氢能源一定能够成为我国能源战略的重要组成部分。

4.1 国家氢能政策概况

2020 年 9 月 22 日第七十五届联合国大会举行，中国国家主席习近平在会议中提出，中国将提高国家自主贡献力度，力争于 2030 年前达到碳排放峰值，并努力争取 2060 年前实现碳中和。为我国构建零碳电力为主、氢能为辅的能源结构提供一条重要的路径，实现碳中和、绿色能源转型升级、供给安全等国家发展的大目标。

自 2019 年氢能首次被写入《政府工作报告》后，氢能行业关注度持续提升。2020 年氢能政策发布频率加快，且专项氢能政策居多，国家级顶层规划的引导逐步加强，重磅政策利好释放，政策风口进一步明晰。据不完全统计，近两年我国有 40 多项相关扶持政策出台。

在国家出台的多项支持氢能源的发展政策中，比较有热度的是《中华人民共和国能源法（征求意见稿）》。能源法自 2007 年年底首次对外公开征求意见以来，将氢能正式纳入能源的定义范畴，彰显了氢能作为可再生能源的重要战略意义。2021 年上半年，氢能政策热度不减。2021 年 3 月，第十三届全国人民代表大会第四次会议正式通过的《中华人民共和国国民经济和社会发展第十四个五年规划和 2035 年远景目标纲要》提出，氢能与储能被列为前瞻谋划的六大未来产业之一。现就将国家层面的部分主要相关政策进行简单的介绍。

(1)《2020 年国民经济和社会发展计划的主要任务》

《2020 年国民经济和社会发展计划的主要任务》通过经济和社会发展方面进行阐述，为国家氢能产业的发展制订了完善的战略规划。在氢能规划明细出台之前，国内尚未有统一的规划目标，目前可参考的规划目标以协会或其他相关规划等制定的目标为主。2020年，财政部等部门出台的《关于开展燃料电池汽车示范应用的通知》，通过制定一些发展氢能源的城市规模和加氢站建设数量，争取取得电动车"十城千辆"的发展目标。

（2）《国家中长期科学和技术发展规划纲要（2006—2020年）》

①高效能源材料技术。

高效能源材料的重点在高效，希望通过一些高端技术，包括太阳能电池、燃料电池、高容量储氢材料、二次电池材料、超级电容器的材料等关键技术的开发，来提高能量转换效率和储能效率。这些关键技术决定了高效能源材料的应用及推广程度。

②氢能及燃料电池技术。

氢能及燃料电池重点在研究效率高、成本低的可再生能源，通过上游制氢、储氢、输送等和下游的电池制备、电堆集成、电池发电、车载动系统等技术的综合开发，制定氢燃料电池生产制造的技术规范和标准。

③能源可持续发展中的关键科学问题。

能源可持续发展重点对化石能源如何高效利用进行研究，怎样提高热功转换、怎样高效安全储能是需要解决的关键科学问题。首先可再生能源在各种领域的应用过程中的稳定性是需要关注的问题，其次是规模不同是否会有新的问题出现，技术的更新是否能够支撑大规模的应用是氢能行业发展的基础。

（3）《节能与新能源汽车技术路线图》

2016年10月26日，工信部委托中国汽车工程学会发布了《节能与新能源汽车技术路线图》，氢能源在汽车领域中的使用和推广作为重点阐述（如图4-1所示），并制定了不同时期的目标。

近期也就是三年内的目标是以小功率燃料电池与大容量动力电池为主，保证在特定地区的公共服务用车中能够替换燃料电车汽车，并在一些城市进行示范。

中期也就是8年以内的目标则以大功率燃料电池与中等容量动力电池为主，特征是电电混合，逐渐扩大燃料电池汽车的使用区域，力争达到10万辆的规模替换完成。

远期也就是十年以上的目标以全功率燃料电池为主，特征是动力，实现私人乘用车、大型商用车领域商业推广达到百万辆的规模；这期间是以氢能源供应系统为燃料汽车进行支撑，以实现提高可再生能源的占比最终实现规模化发展。

		2015年	2020年	2025年	2030年
总体目标		在特定地区的公共服务用车领域小规模示范应用，万辆规模	在城市私人用车、公共服务用车领域实现大批量应用，十万辆规模	在私人乘用车、大型商用车领域实现大规模化商业推广，百万辆规模	
		燃料电池系统产能超过1000套/企业	燃料电池系统产能超过1万套/企业	燃料电池系统产能超过10万套/企业	
氢能燃料电池汽车	功能要求	冷启动温度达到-30℃，动力系统构型设计优化，整车成本与纯电动车相当	冷启动温度达到-40℃，批量化降低整车购置成本，与同级别混合动力汽车相当	整车性能达到与传统车相当，具有相对产品竞争力优势	
	商用车	最高车速≥80km/h 成本≤150万元	最高车速≥80km/h 成本≤100万元	最高车速≥180km/h 成本≤60万元	
	乘用车	最高车速≥180km/h 寿命20万公里 成本≤30万元	最高车速≥180km/h 寿命25万公里 成本≤20万元	最高车速≥180km/h 寿命30万公里 成本≤18万元	
关键零部件技术		高速无油空压机、氢循环系统、70MPa储氢瓶等关键系统附件性能满足车用指标要求		系统成本低于200元/kW	
氢能基础设施	氢气供应	可再生能源分布式制氢	低能耗碱性电解水分布式制氢；焦炉煤气副产氢气制氢/高效低成本氢气分离纯化技术	可再生能源分布式制氢	
	氢气运输	高压气态氢气储存与运输	低温液体氢气运输	常压高密度有机液体储氢与运输	
	加氢站	冷启动温度达到-30℃，动力系统构型设计优化，整车成本与纯电动车相当	冷启动温度达到-40℃，批量化降低整车购置成本，与同级别混合动力汽车相当	整车性能达到与传统车相当，具有相对产品竞争力优势	

图 4-1 氢能燃料电池汽车产品路线图

（4）《国家创新驱动发展战略纲要》

2016年5月19日，中共中央、国务院印发的《国家创新驱动发展战略纲要》中指出，对氢能源、燃料电池等技术的开发要进行重视，未来要发挥新型技术对材料开发的引领作用。

（5）《"十三五"国家科技创新规划》

2016年7月28日，国务院印发的《"十三五"国家科技创新规划》指出：可再生能源与氢能技术进行综合利用是新一代的能源技术，需要与纳米技术、智能技术等进行综合的推动。

(6)《中国氢能产业基础设施发展蓝皮书（2016）》

2016年10月28日，在广东省云浮市举办的中国氢能与燃料电池产业高峰论坛，对氢能源的发展进行了规划，并发布《中国氢能产业基础设施发展蓝皮书（2016）》。

该蓝皮书对我国氢能源产业的基础设施目前的发展、存在的问题以及未来的发展方向进行讨论，明确提出我国在氢能源产业的主要任务和发展目标。对于基础设施的建设主要分为近期（2016—2020年）、中期（2020—2030年）和远期（2030—2050年）三个阶段，分别具有不同的任务，并且首次提出氢能源项目的发展路线图，对未来氢能源的建设提出了政策建议。

(7)《能源技术革命创新行动计划（2016—2030年)》

2016年6月，国家发改委、国家能源局印发《能源技术革命创新行动计划（2016—2030年)》，明确指出要"提高可再生能源利用水平，切实解决弃风、弃光、弃水等问题"，分别把氢能与燃料电池列入能源科技重点技术创新方向之一；把氢的制取、储运及加氢站，先进燃料电池、燃料电池分布式发电作为重点战略方向。可再生能源将从补充能源，加速转变为规模化替代化石能源，并最终占据主导地位。国家层面也在通过不同类型、不同规模的试点示范项目推动支撑电、冷、热、气、氢等多种能源形态灵活转化、高效存储、智能协同的基础设施建设，推进新能源技术产业化和能源系统协同优化。

(8)《"十三五"国家战略性新兴产业发展规划》

2016年12月19日，国务院颁布了《"十三五"国家战略性新兴产业发展规划》，对"十三五"期间我国战略性新兴产业发展目标、重点任务、政策措施等做出全面部署安排。首先，在未来5~10年，新能源会有革命性的更新，系统性地推进燃料电池等新能源形式的发展与产业化对未来国际竞争力具有重要的作用。其次，要加强燃料电池的基础材料的研究，降低制造成本，提高燃料电池的性能，并且完善相关的技术标准。最后，积极推动基础设施的建设，到2020年，实现燃料电池汽车批量生产和规模化示范应用。

(9)《国际氢能产业发展蓝皮书（2017）》

《国际氢能产业发展蓝皮书（2017）》由国际清洁能源论坛主编，于2017年12月的第六届国际清洁能源论坛上正式发布。这是我国首部集系统性、专业性、前沿性和原创性于一体的氢能产业蓝皮书。该蓝皮书树立了氢能源领域的目标主要是加强自主创新能力，并对决策部门制定相关发展政策时提供一定的前瞻意见。同时绘制了氢能源产业发展蓝图，对未来企业及科研机构的发展都具有一定的指导意义。该蓝皮书由21篇独立研究报告组成，涵盖制氢、储运和氢能应用与基础设施等整个氢能产业链。

(10)《中国制造2025》

该政策鼓励继续发展电动汽车、燃料汽车领域，对新能源汽车领域制造及运行的核心技术进行深度开发，从而形成从关键零部件到整车的完整工业体系和创新体系，推动自主品牌节能与新能源汽车同国际先进水平接轨。

(11)《我国氢能产业发展预测讨论稿》（2019年）

2019年5月，国家能源局发布《我国氢能产业发展预测讨论稿》征求意见，主要从氢能在我国能源体系中的定位分析（氢气制取、运输和燃料电池三个方面）、氢能示范发展布局原则和氢能发展分析与预测三大板块进行讨论。

(12)《国家能源局2019年度能源软科学研究选题指南》

2019年6月4日，国家能源局发布了《国家能源局2019年度能源软科学研究选题指南》，涉及智慧能源内涵、特征及发展路径研究、2035(2050)年能源发展战略研究、水电站大坝溃坝影响及处置、水电站大坝安全监督管理体制机制研究等。其中，在第五部分新能源中重点提到了氢能相关课题。

（13）《关于完整准确全面贯彻新发展理念做好碳达峰碳中和工作的意见》

2021年10月24日，国家出台《关于完整准确全面贯彻新发展理念做好碳达峰碳中和工作的意见》。该意见为碳中和项目提供了系统的谋划和布局，到2030年我国经济社会发展应该全面向绿色经济转型，并取得成效，争取发展达到国际领先水平。到2060年，绿色、清洁的低碳经济能源体系应已全面建立并完善，能够大大提高能源的利用效率，并且达到国际领先水平。未来将持续推广节能低碳型交通工具，加快氢能源在交通领域的发展，同时加快氢能源行业关键技术的开发。

4.2 地方氢能规划及发展概况

在国家氢能规划出台之前，多省市已明确氢能规划目标，据不完全统计，国内40多个省、市、地方出台氢能产业发展规划。根据不同城市、不同时期的现状各城市还先后出台了符合自身实际情况的示范目标，包括加氢站和氢燃料电池汽车方面。例如，山东济南定位"中国氢谷"，上海、苏州、佛山等定位成氢能源应用市场的城市，其在终端应用设定的目标会更高，2025年氢燃料汽车推广目标都在10000台以上。下面将介绍各地的政策支持和发展情况。

4.2.1 广东省

广东省的经济发展迅速，一直占据着领先地位，因此对于处于萌芽时期的氢能产业更是具有先发优势。目前氢能产业的布局相对来说已经较为完善，包含了一条完整的制取、运输、加氢、电池系统、氢燃料电池汽车制备产业链，居于全国领先。

紧跟国家政策，广东省大力推动氢能源行业的发展，成果颇丰，2020年广东省在交通领域逐渐提高氢燃料的占比，公交车、物料车、有轨电车的替换数量达到了5508辆，氢气的使用及加氢站的需求逐渐增多，分别达到了55.82吨和75座，这说明氢能源在日常生活中的应用越来越广泛，人们也逐渐接受新型产业的发展。

2020年9月25日，广东省发布的《广东省培育新能源战略性新兴产业集群行动计划（2021—2025年）》提出：要加快培育氢能、储能、智慧能源等新兴产业；下一步要提高加氢站的数量，争取能够建成并使用300座；推进丙烷脱氢等工业副产氢、谷电制氢及清洁能源制氢等氢源建设，扩大氢能利用规模；5G基站、特高压、充电桩、大数据中心等领域仍然是传统的能源架构，因此需要推进可再生能源和氢能源在这些领域的应用。降低氢能源的制备成本、提高关键技术的创新研发、加快氢燃料电池关键组成部分的技术突破、加快金属板氢燃料电池电堆、新一代碳板、膜电极、催化剂、碳纸以及高压储罐、低压固态储氢、低温液氢系统等技术研发。

2020年10月12日，广东省发布了《广东省推进新型基础设施建设三年实施方案（2020—2022年）》，该方案的提出大大推进了氢能源行业发展，比如方案中提到要支持推广氢燃料电池汽车的公司，要加快对加氢站的建设，以保障车辆的正常使用，为人们的生活提供便捷服务，在经济发展迅速的城市先行推广，再逐步提高加氢站的数量。

2020年11月，广东省发布了《广东省加快氢燃料电池汽车产业发展实施方案》，该方案指出，为了推动氢燃料电池汽车产业链的完善，应该大力支持技术创新、推广应用；加快推进加氢站规划建设；多渠道增加氢源供应；着力完善产业配套。

广东省下辖的各地市的氢能发展在全国也遥遥领先。

（1）佛山市

佛山市是广东省乃至全国氢能发展领先的区域，在政府给予大力支持下不断出台氢能发展的政策文件。因此国内首个"氢能周"在广东省佛山市举行。

2017年12月6日，在"氢能周"开幕式上郭启民作为代表发言，作为节约和环境保护司的巡视员他希望能将氢能源的发展作为接下来能源产业的重要内容。他还表示壮大节能环保行业就要发展氢能源，推动绿色能源发展也要发展氢能源，优化国家能源的结构更要发展氢能源。

为了发展氢燃料电池，推动氢能源在各个领域的应用，佛山市采取了一系列的具体措施。首先，通过广东国鸿通与巴拉德合资，这样既能扩展资金的支持，又能更快地引进新的技术，对于发展成熟的氢燃料电池有着积极的推动作用。其次，通过与国内其他燃料电池企业合作，有助于佛山市整个汽车产业链的完善，用于后续汽车的生产、销售等推动。最后，通过引进加氢站运营企业，能够促使氢能源行业有序发展，避免给人们带来的不必要的问题，对于公交车的运营规范起到了促进作用。佛山飞驰公司因为当地的政策支持及合作企业的壮大，对新能源客车基本上形成新的垄断格局，从一个中小型传统客车企业转型为知名新能源客车企业，成为佛山地区新能源汽车产业集群中的核心企业。

2018年8月29日，佛山市8座加氢站联合动工开始。这8个加氢站分布于佛山禅城、南海、顺德以及高明，其投资预算从1250万元到2985万元不等。其中，位于禅城区的国联氢能塱沙加氢站（下文简称塱沙站）已顺利完成设备安装及调试，并采用商业化模式进行运营。佛罗路加氢站也于12月22日建成营业，同时还有70辆来自佛山飞驰的氢燃料电池公交车正式投入运营。不满足于此，佛山下一步还将在氢能领域有大动作，未来两年时间内可能会有更多的氢能公交车能够上路运营。为满足这些公交车的正常运营，佛山将进一步加快加氢站的建设，计划五区至少完成10个，每区至少2个，初步计划到2030年建设57座加氢站。

佛山南海区也紧跟国家和省政府的号召，积极推动氢能源汽车的发展,在能源规划中指出,力争在未来的几年间提高氢燃料汽车的使用量,包括燃料电池叉车、燃料电池乘用车、燃料电池客车超过20000辆。

2018年11月,佛山市发展和改革局网站发布了《佛山市新能源公交车推广应用和配套基础设施建设财政补贴资金管理办法》,该办法由佛山市发改局、住建局和财政局共同发布。

在新能源公交车方面,佛山市将按照中央专项补贴资金的50%进行地方补贴,而氢能公交车则是比照中央补贴的1:1进行配套。具体执行过程中,各级补贴总额不能超过车辆销售价格的60%(如表4-1所示)。

表4-1 佛山市加氢站建设补贴标准(部分节选)

加氢站类型	日加氢能力(kg)	补贴金额(万元)	标准造价(万元)
固定站	350~500	300	1200
	500~1000	500	1800
	大于1000	500	2200
撬装站	大于200	150	800

(2)云浮市

云浮市作为广东省的地级市在氢能源发展的道路上也贡献了极大的力量。推动模式比较相似,首先,政府起到鼓励作用,相继出台了各项政策。2017年发表《关于推进落实氢能产业发展和推广应用工作方案的通知》,该通知指出,未来几年云浮市力争建成国内规模较大的氢能源汽车生产基地。其次,为了获得强大的资金支持,该市还加大氢能产业招商力度,对氢能源发展的上游和下游系统进行引进,使整个氢能源产业链得到完善。

在氢能源汽车生产基地全面建成投产后,会为超10000辆氢燃料汽车提供燃料电池模块,并且能够进一步提高氢燃料电池汽车的生产力,每年生产5000辆以上,这将成为国内各类型氢能源汽车生产基地,包括氢燃料电池公交车、物流车、乘用车等,规模巨大。

一方面,建设加氢设施服务体系。随着人们对服务要求的日益提高,氢能源行业的服务体系关系着未来推行的顺利程度。因此，需要加大基础设施的建设力度来加快氢能源的发展，努力构建完善的加氢服务体系。在每个市区、县均应该建成足够数量的加氢站，为人们日常使用进行保障，这对于新能源的更换起着重要的作用。

另一方面，加快氢能产品推广应用。新能源的更换需要推广先行，为了推动氢能源在交通领域的市场化规模应用，未来几年在城市公交车方面力争将公交车更换率超过75%，而纯电动公交车也不能忽视，应该与氢能源公交车占比相当，这样有利于能源结构的多元化。

为了响应国家号召，城市未来几年的主要任务有以下六项。

其一，完善城市中氢能源相关的基础设施构建，完善加氢用氢等消费的服务体系。其中，包括市发展改革局牵头完善的加氢站建设审批程序流程，为企业提供一个比较简捷的审批程序，调动企业的积极性。类似于充电桩的推行，同步规划城市内加氢站的布局，对于加氢站的选址应该考虑到人员分布、道路分布、人员流动、交通工具的使用情况等因素，尽量做到配合分布，保障人们的正常使用。并且前期应该进行试点项目，在试运行期间及时总结使用情况、完善各项服务体系、吸取经验教训，最终加快氢能源的推广，加快氢能源新型城市的建立。

其二，在政策方面，应该申请更多的支持政策，主要解决在发展氢能源行业过程中的资金问题。

其三，加快氢能源商用车的投用数量，力争尽快进行全市覆盖。

其四，为了完善氢能源产业的上游和下游系统的建立，应该加大招商选资力度，提供更丰富的资金支持和有竞争力的技术支持。

其五，完善建立氢能源行业的标准规范，大力扶持创建创新中心。

其六，加强人才培养力度，丰富培养模式，为引进氢能源产业培养更多的创新人才。

(3) 佛山与云浮合作

城市之间的合作对于一个行业的发展具有重要的作用，为了推进佛山与云浮市的合作，两市共同创立了氢能产业股权投资基金和发展基金，投资金额分别为10亿元和30亿元，有了资金的支持未来的几年间能够大规模地建设加氢站等基础设施。在2018年举行了燃料电池技术发展研讨会，会上各领域的代表对氢能源的发展纷纷提出自己的观点，共同探讨了燃料电池的前景，对于大力推动氢能源的发展达成一致，对未来氢能源的发展起到了极大的推动作用。

在两个城市合作推动下，工业园已经发展成国内具有影响力的产业基地，基于前期的成果两个城市将继续加强合作，坚定不移地推动绿色能源的发展，健全氢能源发展的各项政策和制度，未来将继续推行新的试点，以加快整个行业的进展。

氢能源行业的运行离不开商业模式，所以两市联合研讨了新的商业模式，2018年投入使用的300辆氢能公交车、1000辆氢能物流车均采用新的商业模式进行运营，并且此市场应用规模将在未来逐渐扩大。除了车辆的投入使用，汽车生产、车载部件、氢燃料电池及其应急移动电源相关技术也成立了不同的项目，未来将会同步推进这些项目。

(4) 东莞市

东莞市对于氢能源行业的发展规划主要以氢能科技产品为主，并且以建设氢能科技产品产业聚集区为目标，力争未来在这里建成一个对氢能源技术相关的产业基地，包括技术、产品、销售平台等。

省政府扶持，各城市响应的模式让广东省形成了一个完整的产业链，包括制备、储存、运输、加氢、汽车制造、试点推广示范等，总结试点的经验教训，力争能够推行更多的区域施行。广东省在国内领先发展了氢能源行业，对燃料电池的发展作为省重点产业，未来将进一步发展为全球领先的水平。

4.2.2 北京市

北京市作为国家首都在引导各行业发展过程中起到了重要的作用,各种支持鼓励措施也是陆续地采取。2017年12月发布的《北京市加快科技创新培育新能源智能汽车产业的指导意见》中提到:对氢燃料电池汽车的科学布局是最重要的,必要的时候需要适度超前推广氢燃料汽车的使用;需要利用智能领域的发展,加快互联网与氢能源行业的相互促进,来进行更好的示范;开发此产业的新增长点;同时加速氢能源下游相关技术的开发,比如加大氢燃料电池的研发以促进车辆在使用稳定性、续航、电池使用寿命方面的技术革新;另外,更重点的是电池相关零部件性能研究、制氢储氢设备的建设等。

2020年10月29日,《北京市氢燃料电池汽车产业发展规划(2020—2025年)》发布。在这项发展规划中树立了五年内的发展目标,首先在前三年国家应该扶持发展几个在国际上有影响力的氢燃料电车汽车企业,提高氢燃料汽车投入使用的数量,进一步提高企业在氢能源的产值;后两年时间,在前面发展的基础上进一步增加龙头企业的数量,对车辆推广数量也逐渐增加,力争突破万辆,企业发展氢能源上游及下游全产业链,力争产值突破200亿元。

4.2.3 山东省

山东省是人口大省,经济发展也居国内前列,但是所存在的化工、煤炭等行业利用的仍然是传统的能源物质。在全球环保发展的趋势下,山东更是需要多元化发展能源结构。其实山东的某些产业能够产生大量的氢气,只是在生产过程中都被废弃,比如焦炉气、合成氨和甲醇驰放气等过程中能够产生大量的氢气,可以回收利用,另外煤制气也可以产生大量的氢气。所有的这些产业所产生的氢气超百万吨,能够供上万辆氢燃料电池汽车的使用。在生产过程中产生的闲置氢气也能进行大规模的供氢,这说明山东省的产氢能力是国家首位，为后期氢能源的发展提供了基础性保障。

济南作为省会一直践行省政府的倡导，成立了新能源先行区，为促进氢能建设，在先行区的核心区域建立了"中国氢谷"，这里将建成以氢能为中心的科技园、产业园。未来还将会发展成集关键材料、零部件、电堆、动力系统、整车研发于一体的创新区域，将为氢能源发展提供重要的技术支持，并以此为中心向整个省进行扩散。

国家也支持"中国氢谷"的建设，所以提供了一定的国有资本进行支持。2018年山东重工投资上百亿元对先行区进行建设，用于高端设备的制造，力争能够实现每年生产上万辆氢燃料电池车辆，为城市交通、物流、工程系统提供支持。

山东重工在氢能源领域发展先于国家的其他企业，已经率先开发了氢燃料电池相关技术，并申请过国家重大专项研究了燃料电池发动机和商用车应用，在这些项目的进行过程中，已经取得了重要的经验。同时开发了各项关键的技术，也申请了数项专利，应该起到排头兵的作用，为其他企业做好表率，所以，未来山东重工将会加强与其他相关企业的合作，共同开发相关技术，力争加快对氢能源发展中的关键技术进行突破。除了山东重工，央企中国钢研也参与了"中国氢谷"的建设，在新能源开发方面具有很强的实力，是国家扶持的重点研发单位，一直以来致力于对氢气制备、储存过程中的关键材料进行技术更新，未来将会开发出更成熟的技术，使生产成本最大限度地降低，加速氢能源的应用。

2019年1月4日在济南组建"山东省氢能和燃料电池产业联盟"，一方面，通过集聚相关产业技术资源，促进行业的创新，协同推动氢能源上游氢能及下游基础设施的应用及整个产业链的技术突破，加快掌握更多关键核心技术；另一方面，在加强了产业发展后，应该更注重市场监管，两者协同发展。提高此联盟中每个成员公司的综合实力，包括研发水平、生产能力等，并且发挥各公司的优势技术相互促进。未来联盟成员将会加强在各项领域的合作，协同推动氢能源在国防、汽车动力、储能设备、物流运输、工业体系等领域的应用，加速推动山东省的氢能产业布局。

在济南市的带动下，其他城市如潍坊、淄博、滨州也都开始积极推进氢能源项目。潍坊市企业潍柴动力是一个比较大的汽车零部件生产企业，为了紧跟国家大政策，该公司加入了弗尔赛，成为弗尔赛的第二大股东，此后就进行氢能源行业的发展，通过合作促进本公司的发展。聊城经济开发区投资数亿元进行氢燃料电池项目的开发，并通过合作公司的技术生产燃料电池系统，未来将很快建成投产，可达到数百亿元规模。

为了推动氢能产业的发展，山东省发布了十年规划，在2020年至2030年着力发展氢能，做到氢能源从零到一、从弱到强综合性发展，在省内发展成一个集氢能源研发、设计制造、应用、商业推广及运营于一体的先行示范区，力争发展成国内领先水平，为国家能源结构多元化做出应有的贡献，为全球化能源更新提供自己的力量。

十年规划是一个循序渐进的过程，从2020年到2022年这段时间的目标是从零到一，从无到有，从氢能的发展开始到制度的逐渐完善。首先，这一阶段将牵头各个公司进行合作，协同推动燃料电池产能，进一步提高整车生产能力，有望能够达到五千辆。其次，布局燃料电池在各个领域包括交通、港口、船只等分布，力争氢能源产业在这一时期能够突破上百亿元。除此之外，技术的发展应该先行，力保后期氢能源的发展顺利，在这一时期应该全方位发展氢能源行业，包括产氢、储氢、燃料发动机、燃料电池、动力系统等关键核心技术，力争跟上国家现有水平的发展。最后，这一时期基础设施的建设也是重点，因为只有基础设施完善才会有利于后期氢能源更换的推广。这一时期的目标是加快加氢站的建设，争取建成30座加氢站并投入使用，在先行示范区推广公交车、物流用车超过3000辆，实现在各领域的投入使用。

在进行了基础保障之后将会迎来氢能源的快速发展，2023年到2025年力争推动氢能源的快速更替。这一时期氢能源产业链应该基本完备，并能大战数十家国际知名企业，掌握氢能源行业各项技术并产生一定的影响力和竞争力。进一步提高发动机和整车生产能力，争取超过数万辆，在所应用领域的设备技术实现质的突破，所带动的整个行业规模应该超过数千亿元。在基础设施方面，比如加氢站的数量、氢能服务体系更加完善，以确保氢能源的有序发展。除此之外，整个产业链及配套设施网络逐步完善，进一步提高氢燃料电池汽车超过一万辆的推广，使氢能在各种商业用车和乘用车的应用更多。

最后一段时期为2026年到2030年，是氢能产业的巩固时期，最重要的是总结各领域应用氢能源的经验。首先，这一时期氢能产业规模质量效益全面提升，最初所开创氢能源的企业也具有了成熟的技术、完善的产业链、知名的品牌。其次，这一时期关键技术会有全新的突破，紧跟国际领先水平，为国家氢能源的发展引领优势。除此之外，应该开发出氢能源与大数据、物联网、人工智能等行业融合的新型系统，深入人们的日常生活中去，为国家的环保事业做出贡献。

4.2.4 四川省

四川省在2017年进行了氢能源更新的试运行，主要是天然气投资公司和金星清洁能源装备公司联合建立了临时加氢站，为氢燃料电池汽车试用阶段服务，可以对车辆进行调试。加氢站经过了前期选址研究、市场调研到建成使用花费了两个月的时间。加氢站氢气加注能力可达到每天500公斤以上，可供20辆客车的氢气加注需求，并且可以自主加氢，大大方便了日常的使用。同时在试运行过程中进行经验总结，为未来四川省大规模推动氢能源在技术、运行、服务等环节提供了有价值的参考。在此之后，2018年5月固定式加氢站建成使用，基于临时加氢站的经验，此加氢站在各方面更加完善，也增加了加氢能力。

鉴于小规模的顺利运行，2018年2月28日，四川进行自主研发的氢燃料客车进行投入使用，此客车由东方电气和成都客车合作建造，各项性能都能达到国内领先水平。同时，也建成投入使用了西南地区首个加氢站。基于此，四川省在氢能源行业的发展有了开创性的事例，为后期加速氢能源发展，提供了可借鉴的经验。

在氢能源产业上、中、下各环节，四川省成都市尤为突出，各企业争相进行发展氢能源相关产业。首先，应用领域属于氢能源的下游产业，对于研发、制造整车、生产零部件、制备车用关键部件相关步骤均有大型企业先行，各个相关技术已经发展成熟，比如整机企业主要有成客、中植一客等；关键零部件企业包括东方电气、国融科技等；研发制造关键部件的公司有中材科技、金星公司等。其次，制造领域是氢能源的中游产业，从制氢、储氢、加氢建设方面，比较有代表性的公司是省天然气公司、华气厚普等企业。最后，也是最重要的领域是研发领域，属于氢能源的上游产业，东方电气中央研究院、四川大学等科研机构一直致力于最新技术的研发，对于电解水制氢、储氢技术、应用领域等都能进行一系列的成果转化，在这方面也具有一定的技术优势。

2020年9月21日四川省发布了《四川省氢能产业发展规划（2021—2025年）》，规划明确发展目标以需求为导向，聚焦产业发展整体成效，主要从技术创新、示范应用和产业链培育方面设定了三大目标。

（1）技术创新目标

首先是氢燃料电池技术的创新决定了氢能源发展程度，燃料电池核心技术创新一直是各国家所重视的根本。其次是氢气制造、储氢技术，这一阶段应该达到质的突破，这两项技术的革新将为氢能源的发展提供保障。最后是在应用方面，要进一步提升车载电池的寿命、电池功率密度、生产成本等指标。这些方面我们都应该具有自己独立的知识产权。

(2) 示范应用目标

氢能源发展示范先行，所以在各领域的示范将为氢能源的整体推动起到很好的带头作用。燃料电池汽车应用规模目标是达到6000辆，在推广多辆燃料电池的基础上也应该同步推进基础设施建设，目标是建成多种类型加氢站60座，配合燃料电池汽车的使用，确保能够正常地供氢，使车辆正常运作。除此之外，应该进一步推广应用示范领域，比如热电联供、轨道交通、无人机等领域，目前这些领域的都处于高速发展时期，共同发展有利于多产业的融合。

(3) 产业链培育目标

氢能产业链应该基本健全，并且鼓励扶持企业数十家，使其在氢能源领域的综合发展居于国内领先水平。其中核心原材料企业、制氢企业、储运和加氢企业、燃料电池及整车制造企业分别占有不同的比例，保证整个产业链的平稳运行。

4.2.5 上海市

上海在诸多领域发展均处于国内领先地位，对于新能源的开发与环保更是积极推动。在2017年上海就发表了关于燃料汽车的发展规划，2020年在氢能源发展中达成一定的目标，其中包括需要联合百家以上的相关企业共同开发推进氢能源的发展。到2025年，在全市建造加氢站数量超过50座，在接下来的五年要实现燃料电池技术达到国际领先水平，产值也要全面突破千亿元。到2050年，形成数十万亿的氢能源产业，届时我们将会经历全面的氢能源时代。

近期目标（2017—2020年）：首先进行小规模的示范，在城市中建立研发中心和检测中心，为技术的发展和运行过程做准备，争取在这一阶段结束后能够在国际上具有影响力，燃料电池汽车的产值应该突破百亿元。其次增加加氢站的数量，增加乘用车示范区，规模扩大到3000辆，并且对公交、物流等车辆进行试点。

中期目标（2021—2025年）：中期目标是在小范围应用的基础上规范化，首先在示范区域建立完善的基础设施配套，确保氢燃料电池汽车的正常使用及运行，然后进一步投放并扩大领域，比如公共汽车、物流用车的更换，进一步提高整个产业链的配套发展。

长期目标（2026—2030年）：发展成具有国际竞争力的燃料汽车技术，成为推动氢能源发展的领先城市，紧跟国际市场与技术，争取其中一些技术能够达到领先水平。完善上、下游产业链，完善基础配套设施。拓展到私人用车方面，提高城市中氢能源的占比，并为全国氢燃料电池汽车起到引领作用。

2018年2月6日，上海市建成国家首个"氢能与燃料电池产业园"，产业园的主要目标是引领氢能源产业的发展，并开发相关的核心技术，力争完善整个燃料电池汽车的产业链。

2020年11月13日，发布《上海市燃料电池汽车产业创新发展实施计划》，该实施计划任务包括：突破燃料电池整车技术；攻克系统核心部件技术；掌握氢气制储运加技术；推出自主品牌产品；培育头部创新企业；研发智能专用装备；扩大示范应用规模；创新应用商业模式；加强长三角应用联动；提速加氢站建设；完善氢气供应保障；强化服务平台建设；创建特色产业园区等相关内容。

4.2.6 山西省

山西省的煤炭发展在我国占据着重要的地位，随之而来的就是电、气行业的快速发展。随着全球新能源的快速发展，山西省也需要紧跟世界脚步，丰富自己的能源架构。其中以燃料电池汽车、电动汽车等产业为重点，进行了全方位的发展，建成了大规模的新能源汽车产业。

短短两年时间，山西省就建造了燃料电池研发中心、检测中心，随后在选择的示范运行城市中建设了加氢站，并建立了示范公交路线，逐步形成了具有700辆的运行规模。

在2021年到2022年又扩大了规模，公交示范线路也由原来的10条提高到了300条，加氢站由原来的3座增加到10座。2024年的目标是加氢站翻一倍，预计达到7500辆车运行的规模。

山西将依托太原、大同、长治等城市进行先行发展氢能源的更换，因为这几座城市的氢燃料相关产业有一定的基础，所以未来将会继续支持在这些城市中作为示范起到带头作用，并且采取了一系列的措施来推动氢能源的发展。

（1）政府补贴

发挥财政补贴引导作用。一是借鉴国外在氢燃料电池汽车的推广经验，由政府提供资金支持，在购买时提供一定量的资金补助，并通过税收优惠政策、运行费用减免等鼓励企业及个人采购燃料电池汽车，采用中央财政与省级财政相互补助的方式对加氢站及企业进行补助。二是提供一定的基金支持氢能源相关技术的研发，并且探索更多的合作模式来提供更多的基金支持，协同发展整个产业。

（2）政策支持

山西省出台相关政策支持加强整个行业的开发与建设，包括氢燃料电池电堆、制氢储氢和氢燃料的运输加注等关键技术的研究开发，推进新能源汽车的产业化。

（3）发展规划

发展规划决定了未来氢能源的发展方向，所以需要格外重视发展规划的制定。首先制定《山西省氢燃料电池汽车产业发展规划》，明确支持各城市所申报国家级氢能源项目。其次是未来的几年时间致力于建设氢能源相关的基础设施、搭建完善的服务网络，并重点关注关键技术的开发。最后是支持燃料电池汽车企业的发展，对产业基地的建设应该先行，争取建成国内领先的氢能源生产基地,推动商业化发展。

(4) 分阶段开展试点示范工作

一是试点示范阶段(2019—2020年)。此阶段建成有影响力的氢能与燃料电池技术研发中心和燃料电池汽车检验检测中心,在示范运行城市建设加氢站、选取示范公交路线,形成小规模的运营。二是推广应用阶段(2021—2022年)。此阶段新增加氢站10座、示范公交路线300条,形成3000辆汽车的运营规模。三是规模运营阶段(2023—2024年)。此阶段进一步增加加氢站数量,力争翻一番。在全省开始公交线路运行,预计达到7500台车辆的运营规模。力争5年后,在山西形成技术体系健全、产业链完善、产业闭环,具备市场竞争力的氢能生产、利用示范基地,将山西打造成中国"氢谷"。

(5) 加快重点项目落地

山西省将着力推进有关企业的对接,对目前具有生产资质的企业所申请的重点项目应全力进行支持。

(6) 配套设施建设方面

将在新建加氢站的基础上对原有的配套进行改进,优先选择在现有的加油站位置进行加氢站改造,合理布局加氢设施的建设,并提高建设加氢站的速度,使现有的氢气需求尽快得到满足。

(7) 技术创新方面

首先,大力支持工业园中所建立的技术研发中心,推进企业与科研院所的合作,推进高校研究产品的应用,加强新能源汽车相关技术的创新。其次,重点支持氢燃料电池在更多领域的应用研发,积极推动技术与应用相结合,协同推进新能源汽车的产业化。

4.2.7 天津市

2020年1月17日,天津市发布了《天津市氢能产业发展行动方案

(2020—2022年)》，该方案提出整体发展目标主要分为技术产业和推广应用两方面。

首先，技术产业方面。到2022年，争取能够培养一批技术成熟的企业，包括在制氢、储氢、电池制造、技术研发、服务体系等方面具有一定资质，能够达到国内领先水平。在燃料电池的核心零部件、动力系统集成等方面需要有3家左右的公司进行引领并进行试点，对于氢能源行业产业链能够初步形成。

其次，推广应用方面。到2022年，应不少于10座加氢站和3个氢燃料电池汽车的推广试点进行示范。在重点的交通领域进行开展交通线路运营，并达到累计推广氢燃料电池包括公交车、物流用车、公司用叉车等达到1000辆以上。为确保新能源汽车的正常使用并且不影响原有的交通运行，应建成氢燃料电池热电联供的示范点2个，更快地实现多领域应用的发展。

4.2.8 河北省

河北省位于北京和天津两座城市的外围，在各个领域都紧随其后。河北省以煤炭、冶金、化工等十大产业作为主题，省内资源是加工结合型的工业经济架构的布局，并且在工业生产中的一些行业和产品在全国都处于重要的地位。对于氢能源行业的发展也是格外地重视，因为能够使能源结构更加多元化。2020年，河北省发布了关于氢能产业的三年行动计划，这项计划以发展氢能源为目标，提出未来将建设"政策生态、产业生态、服务生态"三大氢能生态体系，力争将河北省发展成集氢能创新、设备制造于一体的全能城市，在全省范围内发展氢能源相关产业，并应用于更多的领域，在提高全省经济的基础上能够更新能源结构，为全球环保目标做出贡献。所以，到2022年河北省要推出氢燃料电池汽车包括公共汽车、物流车达到4000辆，其中张家口市的数量要达到60%以上。

张家口作为京津冀重要的生态涵养区和国家规划的新能源基地之一，

是国务院批复的可再生能源示范区,一直以来非常重视新能源的开发,张家口经过多年的发展,目前具有全球最大的风电制氢工程,并且是国内第一个批准的风电制氢工业应用项目。

张家口市早期进行了可再生能源示范区的规划,将根据这项规划进行建设氢能源综合体,已经建成了多个氢能源示范中心,在2018年率先启动了客车示范项目,规模达到了100辆,并将逐渐向周围的区县覆盖。为了确保客车正常的运行,还力争能够增加加氢站的建设数量,逐渐实现公交车的全部替代,在2022年冬奥会时达到目标。

制订规划并积极地推动效果已经初显成效,2020年张家口公交公司已经有174辆氢燃料电车客车投放并正常运营,占到总公交车数量的1/4。基于前期投放的效果,改基团还将继续推出200辆左右的氢燃料电池公交客车,加快推动氢能源公交的替换。而张家口地理位置优越,季风带的优势给城市带来了充足的风力资源,再加上光能发电,有充足的电力保障氢能的需求。

利用风能和太阳能进行发电,能够确保清洁对环境无污染,产生的电能通过电解水反应产生大量的氢气,而氢气能够作为高效安全的能源供给城市各个领域,这一过程不产生任何污染,实现了去碳化的能源利用,也大大降低了生产成本。但是,基于理想的建立,在现实中往往需要进行更多的工作去完成,目前对氢能源的尝试仅是初期阶段,整个过程需要众多领域的参与和配合,需要更好地去完善。

氢能源的发展既然有了开端那么后续的发展将会更加顺利,虽然如此,后续仍然需要政府以及各领域的企业积极的支持。目前已经开展氢能源生产的企业是亿华通控股的海珀尔,随着一期和二期制氢生产基地的陆续建成,发动机车间也将进行完工,未来张家口的氢能源产业布局必将更加完善。另外,市政府开展了多次主题研讨会,大力支持氢能产业的发展,建设具体的实施方案,比如"氢能张家口",在这项方案中指出,将分领域进行推动氢能源产业的发展。

一是氢气生产领域。张家口市的优越地理位置所带来的充足的风能、太阳能等可再生能源为氢能生产提供了强大的资源保障,所以,可利用这一点优先发展氢气制造技术,并更新所用到的装备。

二是氢气储运领域。氢气运输设备的发展决定了氢气供应的发展,所以要开发 70MPa 及以上的高压存储材料与储氢罐设备,并同步更新加氢站氢气高压和液态氢的存储、运输技术和装备。

三是基础设施领域。合作推进相关企业进行研发,对城市基础设施的核心设备,比如压缩机、储氢罐等的关键零件进行自主研发,积极推动高校院所研发专利的申请与应用,降低基础设施运营的成本。

四是燃料电池领域。以燃料电池发动机技术突破为开端,进一步开发关键技术,一方面提高燃料电池的性能,另一方面降低生产成本。

五是能源消费领域。目标是公共汽车领域逐步向私家车发展,首先推广的公交汽车、叉车等氢能源应用的顺利进行,能够带动私家车的发展。要想更大规模、更大范围地应用于私家车必须进行基础设施的保障,包括加氢站、车辆修理及零件置换等服务必须同步进行更新;通过现有的加油站进行更新,保持加油加氢同样的便捷;通过对现有的天然气管道进行改造,开展氢气与天然气混合应用示范,逐渐地推广氢能源在日常生活领域的应用,降低对天然气的使用比例。

4.2.9 江苏省

江苏省作为经济大省也积极开展氢能源的推广,2019 年 8 月发布了《江苏省氢燃料电池汽车产业发展行动规划》,对于氢能源的推广制定了相关目标。该规划指出,到 2021 年,两年的时间将氢能源的行业规模发展到全国领先地位,各项政策和体系逐步得到完善,创新技术发展。同时建立示范试点,推出氢能源汽车进行试运营,初步建立一个完善的氢燃料电池汽车运营体系，创建成一个氢燃料电池汽车发展的重要基地。

到 2025 年，四年的时间建立起基本完整的氢燃料电池汽车产业体系，全省氢燃料电池汽车的推广力争达到万辆以上，加氢站超过 50 座，完善加氢站的网络布局，为整个氢能源运营提供基础保障。整个产业的技术达到国际领先地位，引领我国氢燃料汽车整个行业的发展。

江苏省的下辖地市也利用自身优势加速氢能发展。苏州市发改委在 2018 年发布的《苏州市氢能产业发展指导意见（试行）》指出，未来两年氢能源产业产值要突破百亿元，在全市范围内建设加氢站达到 10 座，推广氢燃料电池在公交车、物流车、环卫车中的应用；到 2025 年，氢能产业链更加完善，力争产值突破 500 亿元，加氢站的建设数量增加三倍，氢燃料电池车辆的推广规模达到 10000 辆。如皋经济技术开发区是一个国家级开发区，其使命是创新发展、特色发展、生态发展和绿色发展。2009 年前后，全球市场面临船舶行业不景气、生物医药、光伏产业困难的局面，在给开发区转型定位的时候，结合现有的产业发展、市场前景等多方面原因，考虑锂电池生产和回收过程中会产生环保问题，因此瞄准新能源汽车动力电池最高端——氢燃料电池。

氢能利用的产业化、商业化在如皋进行了较为成功的实践。历经八年时间，如皋集合了如南通百应能源、江苏清能等数十家氢能大型企业；同时拥有 6 家像陆地方舟这样具备氢燃料电池汽车生产资质的企业，成为全国氢能产业链最完善的地区之一。作为国家级开发区如皋发挥了带头作用，为国家氢能源发展提供了相应的技术和产能。

如皋作为国内涉足氢能产业最早、集成度最高、产业链最全的地区之一，加大以氢能为特色的新能源及新能源汽车产业发展，表现出前所未有的坚定。政策的顶层设计也进一步抓紧落实，建设"长三角绿色氢谷"、打造千亿级新能源和新能源汽车产业集群的目标未来可期。

4.2.10 辽宁省

辽宁省是我国北部对外开放的门户,是一个既沿海又沿边的城市,长期以来辽宁因为矿产资源丰富,所以以重工业为主,尤其是钢铁制造业。但这些产业都是极大的耗能产业,又会对环境造成严重的污染,所以更加需要优化能源架构,增加能源供给,降低污染排放。2021年,辽宁省发布了关于加快建立健全绿色低碳循环发展经济体系的任务,任务中提出要根据自身的特色及原本的能源构成体系,制订适合的能源转换规划,最终达到能源转型的目的。在发展风电、核电的基础上增加可再生能源的比例,推进清洁能源的使用,重点发展氢能源相关产业,加快核心技术的研发。并大力扶持大连市对氢燃料发动机生产的项目,积极推动燃料电池示范区,推进其他城市氢能源相关产业的建设。

大连市是辽宁省氢能规划较早的城市。2018年大连市人民政府发布《关于加快新能源汽车产业创新发展的指导意见》(以下简称《意见》)。在氢燃料电池产业化方面,《意见》提出要重点依托中科院大连化物所、大连理工大学、大连交通大学等科研院所和新源动力、大连锅检院等重点企业,大力支持燃料电池系统及核心部件、关键材料、制氢、储运氢设备制造及检验检测等领域的技术攻关、工程研究、产品开发及科研成果转化。

一方面,加快推动氢燃料电池汽车商业运营示范推广,先期在公共交通领域开展运营示范;另一方面,根据自身的地理位置及能源架构进行氢源的开发,尽量降低氢气制备成本。同时支持国有企业对氢燃料电池产业的推广,积极开发相关技术,并及时调整产业结构。

在加氢站建设方面,《意见》提到,要按照国家新能源汽车工作部署,推动发布地方加氢站设计、建设标准及安全管控规范,鼓励现有加油(气)站建设加氢站,鼓励新建加油(气)站预留加氢装置建设条件,并将此纳入新建加油站设计验收规范。

根据氢燃料电池汽车推广情况，配套建设与之适应的加氢站以满足氢燃料电池汽车示范运营需求，并且本地政府也会采取具体的措施推进加氢站的建设。目前大连市依托于上海舜华建设了太阳能加氢站，大连市政府非常重视新能源、清洁能源和氢能的发展，对氢燃料电池汽车的补贴力度，全面执行国家对氢燃料电池汽车推广应用政策，市领导已多次为大连市的氢能发展进行技术引进。目前大连化物所和大连理工大学作为研发核心高等学府在氢能领域都有所涉及。

4.3 大型企业氢能规划布局

除各地开展了氢能产业规划布局之外，各大型企业集团也纷纷布局氢能。根据目前的统计数据，对于氢能相关产业发展或者布局的中央企业大约有26家，占比超过了27%。同时，具备了氢能产业开展的资质但目前未开展的央企也有12家，包括：中石化、中石油、中化集团、宝武集团、国家电网、国家能源集团、华能集团、国家电投集团、三峡集团、东方电气集团、中核集团、中广核集团。2018年2月，由国家能源集团牵头创建的中国氢能源及燃料电池产业创新战略联盟在北京成立，多家企业参与其中，包括国家电网、东方电气、航天科技、中船重工、宝武钢铁、中国中车、三峡集团、中国一汽、东风汽车、中国钢研等。其中，多个企业在氢能源相关产业进行了布局，有的进行关键技术研发，有的进行产品推广，等等。

4.3.1 国家电力投资集团有限公司

国家电投在能源方面嗅觉比较灵敏，业务开展也比较早，起到了很好的带头作用，于2017年成立了氢能科技发展有限公司。该公司以氢燃料电池为核心，对关键技术进行开发，并进行产业化发展，与北汽福田、北京亿华通签署战略合作协议，致力于推动京津冀地区的氢能在交通领域的应用，对氢能产业的示范和推广具有统一的意见。三家企业未来将会着重进行氢能源上游（包括制氢、存储、运送、加氢等环节）、下游（包括氢燃料电池的生产开发、推广应用、技术研发、资金支持等方面的）合作，共同为2022年北京冬奥会服务，推动京津冀地区清洁能源利用和氢能交通应用推广，推动氢能社会的建设。

2019年宁波办事处成立，进一步加强了与宁波市政府的战略合作，签署一系列的协议，协同推动氢能产业在宁波的发展。在政府推动下，双极板和氢燃料电池总装两条中试线、氢能产业园一期建设、氢能交通示范应用等项目有条不紊地实施着。

同年，国家电投与延庆区政府签署了《绿色氢能战略合作框架协议》，以北京冬奥会为切入点，对氢能源项目进行推进。主要关注氢能源的创新技术开发、装备升级更新、推广应用等方面，配合北京市交通有关部门、冬奥会的布局进行氢能源在交通领域的示范应用，推进绿色能源的发展应用，加快打造新能源应用示范区的建立。

随着政策的推动及合作企业的着力开发，氢能源的发展初见成效。2019年7月，100kW功率金属双极板燃料电池电堆宣告研制成功，这标志着燃料电池的研究有了突破性的进展。

2019年9月，国家电投与德国西门子股份公司签署《绿色氢能发展和综合利用合作谅解备忘录》，两家企业将着力进行氢能源产业核心技术的研究与实践，合作为北京冬奥会实现绿色制氢、提高产能、制定标准，完善各项应用服务体系。

2019年11月，延庆开始建设加氢站，项目一期进行开工，这座加氢站作为示范项目得到了广泛的重视。主要目标是建设一座每天能够供氢500 kg，为超过33辆氢燃料电池公交车进行供氢，确保公交车的正常运营。此加氢站建设成功后，作为延庆区氢能源示范区域，可为北京冬奥会氢燃料电池交通提供可靠的保障。同时总结经验，为后续的氢能源发展起到示范带头作用。

4.3.2 中国长江三峡集团

三峡集团分别从科研、资本、项目推进等方面布局氢能产业。在科研攻关方面，三峡集团与华北电力大学成立联合实验室，双方将共同打造氢能研究"创新高地"。在发展战略方面合作双方达成一致，在新能源、水力发电、风力发电、长江大保护、太阳能等领域开展工作，致力于各项技术的协同开发。

在资本方面，三峡资本控股有限责任公司与东方电气投资管理有限公司、成都创新风险投资有限公司签署协议，共同成立东方三峡（成都）产业基金管理有限公司，并设立相关产业基金，为后续研究提供保障。三方企业利用所成立的基金将在各自的优势领域进行发展，重点围绕氢能产业链、新型储能技术及清洁能源新技术、新材料等领域投资布局。把氢能源产业技术改革创新、产业链完善、服务体系构建作为示范项目进行高质量发展。

在项目推进方面，三峡集团在乌兰察布开展示范基地项目。乌兰察布地理位置优越，能量资源丰富，具有发展氢能源的巨大潜力。企业各部门非常重视氢能源相关项目在此地的实施，利用自身优势进行氢能源开发。致力于加快乌兰察布与技术院所的合作，协同推进该项目的发展，争取做到尽快落地、尽快实施、尽快见成效，一方面促进当地经济的发展，另一方面对改善环境起到了重要的作用。氢能示范基地项目与乌兰察布市的产业规划高度契合，将推动形成一条集生产、制造、储运、应用、消费于一体的氢能产业链。

4.3.3 国家能源集团

国家能源集团关注氢能产业已有相当长时间，采用产研结合的方式发展氢能产业。"产"依托神华新能源有限责任公司,"研"依托北京低碳清洁能源研究所。神华集团参与了国家氢能产业路线制定,包括《节能与新能源汽车技术路线图》《中国氢能产业基础设施发展蓝皮书》《关于加快促进氢能燃料电池汽车产业发展的指导意见》等。

能源集团在江苏如皋建设了一座加氢站,此加氢站作为如皋首个标准商业化运行的项目,占地接近4亩,并且在此加氢站中将会安装2台压缩机,可达每小时1100标方,日加氢能力达到1000kg,建成后加氢能力将成为全国第一。同时,神华集团在包括咸阳的多个地区进行调研,未来将会建设更多的加氢站,以完成在全国布局氢能源产业的目标,构建以江苏为核心带动四周的氢能源发展模式,形成一定规模的产业布局。

能源集团未来发展氢能产业在方向上同时发展上游制氢供氢与加氢基础设施、下游的燃料电池产业;在商业模式上既要成为氢能与燃料电池为主的能源供应商,又要成为以氢气为主的气体供应商,还要成为以二氧化碳利用为主的化学品供应商。神华集团将会进一步加强与政府、企业、科研机构的合作,共同推动氢能产业的发展。

4.3.4 中国华能集团

华能集团一直以来都在进行风电制氢,为冬奥会的各个加氢站进行供氢。在这里有全球最大的风电制氢项目,也就是沽源风电制氢综合利用示范项目,该项目已进入最后阶段的调试,一期项目投产后能实现年制氢量超过700万 m^3,为氢源提供巨大的保障。

华能集团清洁能源技术研究院自主研发了大功率熔融碳酸盐燃料电池技术,能够实现分布式氢能发电。并且该企业与张家口鸿华清洁能源科技有限公司签署战略协议,双方就氢能发展战略达成一致,将合作推进氢能、可再生能源在环保领域的应用及关键技术的开发创新。除了与鸿华清洁能源的合作外,华能集团团队又与吉林分公司进行合作,建立了工业级的风电动态制氢研究平台,该平台已经达到运行标准,这标志着华能集团在氢能源建设中成效显著。

4.3.5 中国广核集团有限公司

中广核新能源在韩国投资了一家燃料电池电站,具有独立运营能力,这个电站采用的是美国 MCFC 燃料电池发电技术,在国际上居于领先地位,因此中广核成为国内唯一拥有燃料电池电站的运营商。

为了进一步推动氢能源的发展,中国广核集团也牵头成立各项氢能基金,该基金用于完善后期技术研发、基础设施建设等氢能源产业链。比如联合两家企业成立的氢能基金,规模达到人民币 30 亿元,仅一期规模就能达到 10 亿元。同时,其下属的子公司也牵头成立了深圳白鹭氢能产业股权投资基金,投资规模也能达到近 10 亿元,这些基金的成立将会为后续的氢燃料电池研发及应用提供可靠的保障。

4.3.6 中国石油化工集团公司

在传统石油化工企业内,中石化是布局氢能进展最快的企业。中国石化企业规模巨大,因为前期布局加快,所以现在具备了超强的制氢能力,并且具有非常完善的能源管理体系,布局了比较全面的加氢站体系,每年供氢超过 300 万吨,供氢能力居国内前列。

2018 年 9 月,中石化加入 Hydrogen Council,该公司是前期成立的全球氢能源技术联盟,并成为该联盟 8 家指导成员级别公司之一。

2018 年 10 月,北京市科学技术委员会召开了相关会议,会议主题为王府加油加氢联合建站的审批流程,讨论了未来审批制度的规划。另外,中石化与亿华通决定进行深度的合作,并签订战略合作协议,双方就供氢、加氢、加氢站的运营、后期服务等方面达成协议,后期会一同推动氢能源的发展,更好地结合传统能源和新能源,为能源架构提供多元化体系。

2019 年,中石化正式加入国际氢能委员会,与国家能源集团、长城汽车、潍柴、上海重塑一同成为氢能委员会成员。

目前中国石化拥有国内最多的加油站网络，它的加入将大大加速氢能产业的发展。2017年12月，中国石化广东石油分公司和中国石油广东销售分公司与佛山市、云浮市签署了加氢加油合建站项目协议，该项目是依靠已有的加油站网点，增设加氢或充电功能。这不仅可以有效节约土地成本，而且可以依靠现有加油站销售网点，从而稳定客户群体，此种模式在国内尚属首创。

2018年10月25—27日，中日两国政府签署了52项价值超180亿美元的市场合作协议，涉及能源安全的氢能项目在其中占据重要一席。在这次的能源合作中，日本JXTG能源集团将与中国石化集团在中国及第三方市场共同建设氢燃料加气站。

2019年5月13日，鸿达兴业与中国石化在内蒙古的分公司签署了《新能源发展合作的框架协议》。根据协议，双方将以合作的方式建立规范的经营实体，进行综合站（加氢、加气、加油）配套设施建设，开展业务经营活动。建设地点主要在内蒙古乌海地区，双方共同规划建设销售站网，增强氢气的供应能力，不断满足市场需求，服务经济社会发展。合作主要内容有：未来在制氢、储氢、运氢及氢能应用方面进行技术上的支持，双方都为合作项目的正常运营做出贡献。为目前的加氢站项目进行升级更新，增加两种气体加注方式，可分别达到35MPa和70MPa，对未加氢站的装备、储氢罐等进行技术支持，保障后期氢气运输、加氢及氢燃料电池推广工作的顺利进行。

中石化负责综合站的整体运营工作，发挥已有381家站点网络布局优势，利用加油站附设加氢、加气功能或加氢站附设加油及加气功能等，实现共建、共享、共赢的合作模式。

4.3.7　中国石油天然气集团有限公司

中石油每年的产氢能力能达到260万吨。按照"清洁替代、战略接替、绿色转型"三步走总体部署，中石油氢能产业链与天然气产业链及可再生能源协同发展，发挥其强大的产氢能力的优势，将副产氢资源和二氧化碳捕集利用相结合，实现"蓝氢"供应。在全国包括环渤海、陕甘宁、华南、西南、新疆、黑龙江、吉林在内的7个区域进行部署氢提纯项目，目前数量已经达到20个，并且未来将关注各城市对氢气的需求量及其变化，并据此进行及时的调整。为加快实现碳达峰、碳中和目标，中国石油成立氢能研究所，加入中国氢能联盟，充分发挥其在化学化工和新材料领域的基础优势，构建蓝氢、绿氢多元供氢，氢—电、电—氢转化，建立氢气储存、运输、终端加注供应链。

位于北京市昌平区的福田加氢站和位于张家口市崇礼区的太子城服务区加氢站，作为北京冬奥会北京赛区和张家口赛区的首个加氢站已经投入运营，北京、张家口地区的新增加氢站在2021年年底建成，为北京冬奥会保供高纯氢气奠定坚实基础。

4.3.8 中国中化集团有限公司

中化集团作为较早开展氢能源相关产业的企业之一，也总结了比较丰富的经验，并且由于早期的发展，该企业在基础设施的建设上比其他企业更具有优势。2016年，中化能源开始关注新能源领域发展形势；2017年把氢能源项目作为重点项目进行推进，从此开始技术的创新及经验积累。公司成立了新能源团队，集中力量向氢能产业进军，开展深入的行业研究，最终优选出氢能与燃料电池行业作为新能源业务突破口，并从技术/产品先进性、科研力量、市场、行业地位等多个维度对全球领先的氢能企业开展项目评价。

为保障产业化项目顺利落地并实现可持续发展，团队广泛拜访支持氢能产业的地方政府，依托"氢能小镇""氢能城市"等示范性项目，开启政企合作新篇章，共同促进产业健康有序发展。

中化集团成立的氢能科创中心将联合国际领先的研究机构共同发展氢能源，针对燃料电池领域的关键技术也成立了创新平台，未来以提高燃料电池电堆的性能、零部件的稳定性为重要内容，打造具有自己知识产权的产业链，提高核心竞争力。氢能科创中心的成立为中化能源向氢能源进军提供了技术上的支持和资金上的保障。

4.4 氢能供需分析

按照氢气的生产来源可以划分为三类，即"灰氢""蓝氢"和"绿氢"。其中，"灰氢"是指利用传统化石燃料如天然气、煤等制取得到的氢气，成本较低，但碳排放量大且不可持续；"蓝氢"是指利用化石燃料制氢的同时，配合碳捕捉和碳封存技术，虽然降低了碳排放但是技术成本较高；"绿氢"是利用风电、水电、太阳能、核电等可再生能源电解制氢，虽然制氢过程零碳排，但生产成本较高。

目前，我国氢气供应以"灰氢"为主。中国氢能联盟数据显示，我国现有工业制氢产能 4100 万吨/年，以化石能源制氢和工业副产氢为主，其生产主要分布在化工和钢铁等领域。2019 年中国氢气产量跃居全球第一，氢气产量呈持续增长态势。2020 年产量约为 3376 万吨，其中煤制氢产量约 2124 万吨，工业副产氢约 708 万吨，天然气制氢 460 万吨以上，电解水制氢 50 万吨。综合多家机构的预测，预计 2025 年我国氢气产量将较 2020 年增长 5% 左右。

在我国氢气的需求方面，首先，合成氨用氢是第一大用途。2020 年我国合成氨生产所需的氢气量约为 1182 万吨。其次，炼化行业是第二大用途。大型炼厂用氢量占原油加工量的 0.8%~2.7%，2020 年炼油氢气需求量约 873 万吨。最后，合成甲醇的需求占比与炼油占比相近。

未来，随着氢气下游市场应用的拓展，氢气需求的增长将进一步拉动制氢的增长。预计到 2025 年，我国工业氢气产量将增长至 3545 万吨。从中短期看，国内氢能需求仍以化工行业为主，合成氨对氢气的需求已基本稳定，预计在1000万吨左右；炼化精细化方向的发展和产品品质的提高，对氢气的需求还有明显的增长空间；氢燃料电池车尚处在起步阶段，需求基数小，目前尚未达到百万吨，但未来潜力无限。

第5章 氢能产业链技术分析

氢能产业链主要包括氢气的制取、氢气的储存和运输、氢气的液化和氢气的应用等环节（如图5-1所示）。

氢能的上游主要指氢气的制备，主要技术方式为传统能源的热化学重整、电解水和光解水；中游主要指氢气的储运环节，主要技术方式包括低温液态、高压气态和固体材料储氢；下游主要指氢气的应用，氢气应用可以渗透到包括交通运输、工业燃料、发电等传统能源的各个方面，主要技术是直接燃烧和燃料电池技术。

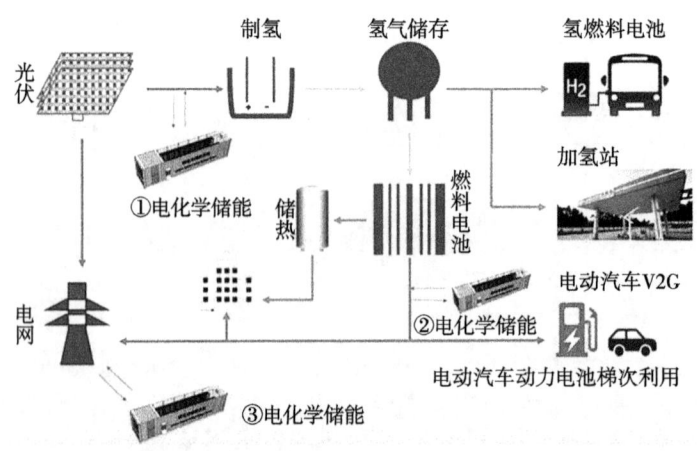

图5-1 氢能产业链

前期各项政策的出台为氢能源的发展提供了保障，而技术的创新则为氢能源发展提供了必要条件。氢能源整个产业链的发展需要三个环节的配合,每一个环节都需要解决不同的问题,而目前进展突出的是电解水制氢技术、化学储氢技术和燃料电池技术。因此,在氢能源的发展中上游、中游、下游都具有了突破性的进展。

5.1 氢气的制备

目前制氢技术路线按原料来源主要分为"灰氢""蓝氢"和"绿氢"三类。

灰氢:碳基能源制氢—工业副产氢气。

蓝氢:碳基能源制氢辅之以 CO_2 捕捉、利用和封存,大规模的天然气制氢、煤制氢和甲醇制氢。

绿氢:可再生能源制氢、核能电解水制氢(100%绿色)。

氢能的目的是解决能源问题和环境问题,而100%的绿色技术正是目前需求的替代能源。

目前已知的制氢技术及工艺繁多,按照所用原料的不同可以分为光解水制氢、天然气或生物气制氢、油类加工制氢、煤气化制氢、乙醇或甲醇裂解制氢、电解水制氢、生物体热解制氢。这些制氢工艺在环保、氢气纯度、能量转化效率、成本等方面各擅胜场,但在当前技术经济环境下得到大规模工业化应用的主要有天然气制氢、煤气化制氢、重油加工制氢、甲醇裂解制氢以及电解水制氢五种。近年来由于气候变化、战争等原因导致石油的价格持续上调,而原有的重油制氢装置存在原料利用率低的问题,所以在成本上很难实现经济性的要求,很多企业也因此终止发展。

由于地理位置不同导致各国的能量资源、经济基础、环境保护方面都有一定的差异,因此在选择制氢工艺时亦有各自的侧重点。按照全球来统计,选择天然气制氢的国家接近一半;其次是醇类裂解制氢,占比30%;焦炉煤气第三,占比8%。日本在化石燃料资源比较缺乏、环境质量要求高的基础上大多选择电解水;而我国煤资源丰富,煤炭开采及加工工业发达，因此煤气化制氢及焦炉气制氢工艺采用较多。

与其他传统的能源能够直接获得不同的是，氢能只能通过制备的方式获得。目前制氢技术主要有传统能源和生物质的热化学重整、水的电解和水的光解，各个方式都具有自己的优缺点。比如，化石能源重整是比较主流的方法，成本非常低，但是存在不可持续的问题，并且对环境不友好；电解水制氢未来也将成为主要方法，其成本会根据电价的调整而改变；光解水虽然环保，但是生产效率比较低，产氢能力弱，因此技术需要进行更新（见图5-2）。

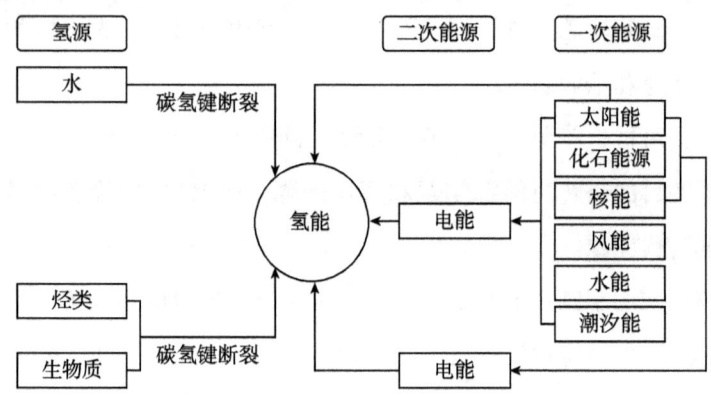

图5-2　氢气制备流程示意图

当前制氢主要以石化燃料为主要原料，不可持续不环保。2014年全球制氢能力为14400百万标准立方英尺/天，目前维持在一个较为稳定的水平，如图5-3所示。

目前来看氢能源仍然是以传统的热化学重整为来源，占到96%，剩下的4%来源于电解水。产生的氢气用途属于资源性的，主要作为化工合成的中间产品或原料，有一半以上用于合成氨，另有少部分用于炼厂石油和煤炭的深加工。

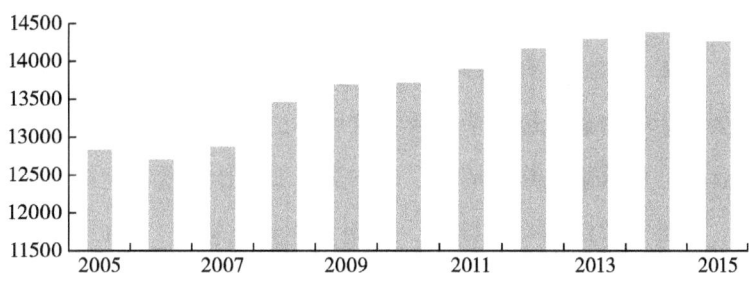

图 5-3　全球制氢能力（百万标准立方英尺/天）

5.1.1　以煤为原料制氢

我国煤炭资源丰富，是目前最主要的化石能源，碳是煤的主要成分，其中也含有少量的碳氢化合物。用煤炭制氢的原理是：用碳取代水中的氢元素，反应生成氢气和二氧化碳。煤中的碳元素的作用主要是参与置换反应，并提供一定的热量，而氢气全部来源于水。

以煤为原料制取含氢气体的方法主要有两种。

（1）第一种方法：煤的焦化（或称高温干馏）

煤的焦化基本条件为隔绝空气，温度为900℃~1000℃，在此条件下制取焦炭，所产生的副产品是焦炉煤气。焦炉煤气主要是氢气，其体积比占到55%~60%，其次是甲烷和一氧化碳等，按照理论计算，每吨煤产生煤气的量为300~350m^3。采用焦炉煤气制氢是目前的技术条件可实现的最优方法，其既可以大规模制备，又能够最大限度地降低成本，达到高效率获得工业氢气目的。我国的山西、山东、河北等省都是资源大省，也是焦化大省，具有非常丰富的氢源。

①焦炉煤气制氢原理。

焦炉煤气制氢工序主要有脱硫脱萘、压缩预处理、变压吸附制氢、脱氧干燥等。其中，焦炉煤气预处理系统为变温吸附（TSA），制氢系统为变压吸附（PSA），而氢气精制系统也为变温吸附（TSA），可用焦炉煤气制取99.999%的氢气。

根据气源、杂质的不同以及产品的要求进行选择制氢工艺中的吸附处理方法。吸附方式主要有两种,即变温吸附和变压吸附两种。其中,变温吸附主要用于一些极微量的杂质或者难解析的杂质的净化,具有再生比较彻底的优点,但其缺点是周期长、成本高;而变压吸附与变温吸附能够进行互补,这种方式的循环周期短,吸附剂用量比较少,所以成本比较低,并且不需要外加的换热设备,对于大气量、多组分的气体纯化和分离比较适用。焦炉煤气提纯氢气的方法具有一定的特点,总的来看主要有原料压力低,原料组分复杂并含有焦油、萘、硫、重烃等难以解吸的重组分,产品纯度要求高,因此采取的流程比较复杂。

②主要生产过程。

焦炉煤气是炼焦过程所产生的副产品,但是炼焦煤的质量和焦化过程会影响最终产品的产率和组成,所以干煤生产的焦炉煤气体积也会上下浮动。焦炉煤气含有多种杂质组分,除了有大量的 CH_4 和一定量的 N_2、O_2、CO、CO_2、饱和烃和不饱和烃外,还有少量的 C5 以上饱和烃、焦油、苯等。因此,焦炉煤气是一种有毒并且易燃易爆的气体,在空气中达到 6%~30% 的极限就会发生爆炸。

焦炉煤气首先需要经过压缩,随后为了净化焦炉煤气除去烃类、萘和微量高沸点的杂质,进行变温吸附工艺处理。剩余的还有其他杂质,为了除去氧以外的杂质可再进行变压吸附工艺处理。经过以上一系列的处理后会得到 99.9% 以上纯度的氢气。此时的氢气仅含有微量的氧气,通过催化反应和干燥使氧含量降到 2 ppm 以下,得到纯度为 ≥99.999%,露点 ≤ −60℃ 的氢气。整个工艺过程分为四个工序:压缩和预净化工序,在常压下首先除去焦炉煤气中的萘、苯、焦油和部分 H_2S、NH_3 等,然后进行下一步的变温吸附工序;预处理工序,此步是为了除去焦炉煤气中的有害成分,如焦油、苯、萘、硫化物、高级烃类及压缩后气体中携带的机油;变温吸附工序,除去焦炉煤气中绝大部分杂质组分,经浓缩提纯得到比较纯净的氢气；氢气精制工序，进一步除去提纯氢气中少量的氧气和水分，使氢气纯度超过 99.999%。

（2）第二种方法：煤气化工艺

在常温条件下，常压或者加压时煤能与水蒸气或氧气进行反应生成相应的气体产物，所得到的氢气纯度因提取方法不同而不同。而煤气化法制氢是目前广泛应用的制备氢气的方法，蒸锅过程主要包括煤气化、气体净化、氢气提纯等工段。

以煤为原料的气化工艺的关键是根据煤种和生产规模选择适宜的气化炉。经过上百年的发展，煤气化工艺已经非常成熟，到现在为止对于气化方法的开发已经超过 100 种。其中，可以按照煤在气化炉的运行和接触方式，分为移动床气化技术（固定床）、流化床气化技术、气流床气化技术三种。

①移动床气化技术（固定床）。

移动床气化技术的方法是在固定床气化炉中的气化，也可以称为块煤气化。包括常压固定床气化技术和加压固定床气化两类，属于这类型的气化技术有鲁奇（Lurgi）气化、UGI 煤气化。

鲁奇技术是德国公司鲁奇第一次开创的气化技术，在 1936 年所建成的世界上第一座工业性装置最早采用加压气化技术进行投产。经过近百年的发展，该方法的技术相对成熟，因煤气中还是甲烷占比比较高，所以目前城市中的大型煤气厂大多以鲁奇气化法为主。鲁奇气化炉的工作压力为 2.53~3.04MPa，主要采用干排灰方式的固定床气化炉。气化炉主要有上下两个原料入口，上部入口主要装入粒度为 6mm~30mm 的煤料，下部入口主要引入蒸汽和氧气。在炉中蒸汽或氧气与煤发生反应，所得到的粗煤气从上部引出，而干的灰分则通过旋转炉下部排走。上方引出的粗煤气作为初级产物，含量以一氧化碳和氢气为主（占比达 65%），其次是甲烷和其他杂质，这种初级产物发热值能达到 3000 大卡/Nm^3 以上，可作为城市煤气的供应源。如果想要远程供应高热值的天然气，还需要进一步处理以提高甲烷的含量，主要步骤包括洗气、调整成分和甲烷合成等，经过处理后的甲烷含量能够达到90%以上，发热值也进一步提高至数倍。鲁奇气化技术因其适用于合成天然气的生产，在中国引起了巨大的商业利益。然而，鲁奇气化灰中有害微量元素（HTEs）存在污染地表和地下水的潜在风险。虽然经过多年的技术改进，气化能力有所提高，蒸汽耗量减少，但依然没有进行工业化。

目前在世界上有数百台鲁奇煤气化炉在运行。单台炉产气量也从20世纪70年代的6500 m^3/h 提高到20世纪80年代的9000 m^3/h。

对于一些黏性比较低、灰熔点较高的褐煤，还有一些活性比较好的次烟煤、贫煤比较适合采用鲁奇炉进行生产，因为其单台的煤气生产能力比较高，并且是以碎煤为原料。所得到的产物甲烷含量能达到96%，最适合用来给城市提供天然气。而生产合成气采用此方法比较少，因为若用于生产合成气，必须增加 CH_4 转化或甲烷馏分液氮洗装置。鲁奇炉生产所得到的气体，甲烷占10%~14%，并且含大量的焦油、酚、萘等物质，气化炉需要设置较为复杂的废水处理及回收装置、甲烷分离装置；用于合成气生产时，流程长、投资大，环保处理费用比较高。

UGI固定床气化炉也是一种最古老的气化炉，自开发以来的很长时间都在煤气化工艺中占重要地位。在反应时，气化炉中氧化剂与煤进行相反方向流动，空气作为催化剂时温度会比较低，一般不会超过灰熔点，所得到的粗合成气中通常会有液态碳氢化合物。

UGI煤气化技术虽不是最先进的技术，但是该技术实用性强，成本低，生产时间短，重要的是操作简单易管理。经过小氮肥企业几十年的革新改造，包括将造气炉水夹套改造为高温热载体夹套或热壁夹套以提高蒸汽分解率，对吹风气的热量进行回收副产蒸汽，但仍无法从根本上解决固定床间歇气化制合成氨工艺的能耗高、碳转化率低、污染较严重的问题。正是由于以上原因以及近期国家发改委将固定床间歇气化列为限制发展的落后技术，所以提出了采用先进的煤气化工艺对原料路线进行改造。

富氧连续气化是在气化工艺发展过程中开发出的一种比较新型的方法，是一种常压连续气化工艺，流程和设备类似于之前的间歇气化。但是却比传统的间歇气化有了更多的优势，比如单炉生产能力大、工艺简单、炉况稳定、气化效率高、能耗低、便于操作、维修工作量小等，并且杜绝了因吹风气放空带来的环境污染，煤种适应更广泛，不但可以烧 $\phi 13 \sim \phi 25$ 的小粒煤，而且也可以烧型煤。

但富氧连续气化有以下明显的缺陷。

首先，该工艺用氧气，需要建空分装置，投资较高，且制氧成本高，这是制约富氧连续气化发展和中小型合成氨厂采用该工艺厂家较少的最主要原因。

其次，富氧连续气化气体成分差，二氧化碳含量高达15%~20%，甲烷含量高达2%，且气体中含有苯、萘等有机物，给后续工段带来极大的问题。特别是甲烷和有机物的问题，目前还没有太好的解决方案。

最后，富氧连续气化气体成分中氧含量较难控制，给后续工段带来安全隐患。生产过程中为了控制氧含量，采取的措施是提高煤气炉出口温度高于500℃，这一措施又造成了煤耗增高。

② 流化床气化技术。

煤的流化床气化是气化剂、酶形成流化床，在此流化床内进行气体反应的发生。流化床气化以碎煤为原料，以氧气作为氧化剂进行床体流化，反应温度一直稳定在1000℃以下，防止煤屑熔化后在炉床中结聚。因为空气也可以作为氧化剂，所以流量有限，这就导致煤不会进行充分燃烧，大部分会发生收缩形成碳素粒，而这些碳素粒会随着合成气流出气化炉。这样会使煤炭的利用率大大降低，所以碳素粒进行循环则会提高煤炭的利用率，使其充分燃烧。流化床气化技术主要有温克勒（winkler）、高温温克勒（HTW）、U-Gas、恩德炉、灰熔聚等流化床粉煤气化技术。目前恩德炉、灰熔聚在我国使用得比较多。

随着工艺的发展，温克勒沸腾层煤气化炉进行改进得到了恩德炉，主要适合用于气化褐煤和长焰煤，对原料具有一定的要求，煤的黏性应该比较弱或者没有，灰分也应该低于30%，灰熔点要大于1250℃，重要的是应该低温化学活性好（在950℃时，应>85%；1000℃时，应>95%），黏结性、F. S. N≤21/2，另外内外水要干燥到12%以下。到目前为止有十多套已经建成或正在建设的装置，气化炉数量达到近30台，并且已经投入使用的就有16台。在已投入运行的恩德炉中，运行最好的是吉林长山化肥厂，现有2台发气量40000 Nm^3/小时的炉子，2003年11月投产，运行正常，属流化床气化炉，床层中部温度在1000℃~1050℃。迄今为止富氧气化是最大的气化炉，生产得到的半水煤气量高达40000 m^3/h。但是此方法也存在很大的缺点，因为气化是在常压的条件下进行，所以单炉气化能力会很低，所得到的气体中CH_4含量比较高，能够达到1.5%~2%，飞灰堆存和综合利用问题有待解决，另外更重要的是对环境有污染，也是比较亟待解决的问题。

灰熔聚流化床粉煤气化技术也是比较新型的技术，是中科院山西煤化学研究所开发的用于多种煤原料的气化，如烟煤、焦炭、焦粉等。此方法在1100℃以下的温度进行气化，没有任何废气的排放，仅有一些固体渣产生，对环境更加友好。此技术在中科院的推动下2001年在陕西城固氮肥厂建设投入使用，规格达到每小时反应量为4.2吨煤，并且对煤的种类要求低，适用范围比较大，反应温度为1000℃~1080℃，压力为0.03~0.05 MPa（G）。该技术所使用的气化炉组成比较简单，仅仅一个单段的流化床就可以实现一系列的步骤，包括煤的破碎、脱挥发份、气化、灰团聚及分离、焦油及酚类的裂解。反应过程中生成的细粉会随除尘系统的循环再进入气化炉，这样进行循环利用，大大提高了煤炭利用率，所产生的混合气体中不含有焦油等有毒物质，含酚量也比较低，碳转化率达到了90%。此混合气体中含有一氧化碳和氢气68%～72%，有效气体成分较低。气化压力为常压和低压，在2007年进行了1.0 MPa压力下运行试验，运行周期比较长，所以总结了大量的运行经验，经过改进的Φ2400气化炉，每天投煤量能够达到500～600吨。虽然经过数次的改进，目前还存在操作压力低的问题，未来需要进行技术创新以提高气化压力。除此之外，目前单炉气化能力较低、产品气中CH_4含量也比较高，达到1.5%～2%，在进行改进的过程中虽然采用飞灰循环入炉气化措施，但还是会排出大量的细灰量，严重环境污染，需要进一步地改进解决这些问题。

西安热工研究院在气化技术方面一直处于国内前列，也一直致力于气化技术的改进，两段式干煤粉加压气化是其具有自主知识产权的技术。此方法采用的是两段气化，干煤粉、过热蒸汽和氧气通过四个烧嘴喷入气化炉底，随后进行一段气化，最后固体废渣随熔融状态进行排出。生成的煤气通过上行到气化炉的中部，在利用下部的煤气显热进行第二段气化，将高温煤气的温度从1400 ℃降低至900℃，代替了以往的循环制冷技术，可以降低投资成本，提高热效率。该公司在1997年建设完成一套小型试验装置，该装置能够达到每天0.7吨的规模，与之前的气化技术相比扩展了煤炭种类，达到了14种。于2004年又建成了中试的装置，煤炭处理量达到每小时40吨，已经完成了四种煤炭的气化试验，并且已经连续进行了接近200个小时的试运行，累积运行时间长达2000h以上。中试的运行达到了一定的技术标准：碳转化率超过98.3%，一氧化碳加氢气比煤耗达到520 kg/km^3，比氧耗达到300 m^3/km^3，一氧化碳与氢气含量超过91%，冷煤气效率超过83%。但是，该技术也有一定的缺陷，比如因采用的水冷壁结构导致合成气中的甲烷含量比较高，未来应在完善中试运行，进行总结经验。

③气流床气化技术。

经过多年的技术创新,开发了第三代煤气化技术,也就是气流床气化技术。这种技术相比于前两种技术更加清洁,对环境友好,并且产气效率也能达到最高。气流床与移动床和流化床相比对煤炭的种类应用更广泛,比如粉煤也就是水煤浆,在1200 ℃以上的温度下可以发生部分氧化,而高温能够促进煤炭的进一步完全气化,随后煤炭中的矿物质反应形成的熔渣脱离气化炉。并且用纯净的氧气作为汽化剂比空气更加有效,可以避免氮气的影响,因此所合成的气体热量值更高。

目前有多种以煤为原料生产合成气的气流床气化工艺,其中占据主要地位的有:德士古(TGP)水煤浆加压气化工艺;德国未来能源公司的GSP干粉煤加压气化工艺;壳牌(SHELL)干粉煤加压气化工艺(SCGP);新型对置式多喷嘴水煤浆加压气化工艺;HT–L粉煤加压气化工艺。

A. 德士古水煤浆加压汽化工艺。

水煤浆加压气化工艺主要用水煤浆进料,在生产过程中,首先将煤炭制成60%~65%浓度的水煤浆形式,随后在气流床中进行加压发生气化,在氧气和高温高压条件下进行反应,产生合成气体,产生的固体废渣随液态排出。这一过程压力稳定在2.7MPa到8.7 MPa,汽化温度稳定在1300℃到1400℃,最终产生的混合气体汇总$CO+H_2$含量能够达到80%。重要的是整个过程不会产生污染气体,对环境污染较小。对德士古水煤浆加压气化工艺的特点总结如下。

一是煤炭种类适用性范围大,对煤原料要求低,灰熔点要求低于1350℃,煤炭的可磨性和成浆性要尽量好,制得的煤浆浓度最好能够高于60%。

二是气化压力在2.5~8.7 MPa都会有响应的工业化装置,4.0 MPa应用比较多,高的气化压力能够节省后期的气压缩功。

三是制备过程中有激冷工艺的参与,所以制备的合成气含有较高的蒸汽量,如果用于生产合成氨的话,在后期的工序中就不需要再加入蒸汽。

四是气化炉架构相对简单,没有传动装置。

五是单位体积产气量大。

六是合成气中一氧化碳和氢气含量超过80%,无污染气体排出,固体渣没有污染并可为铺路提供物料,污水氰化物含量较低,处理也相对简单。因经过了高温气化过程,甲烷含量低于0.1%。

七是碳转化率最高可达98%。

B. 德国未来能源公司的GSP干粉煤加压气化工艺。

德国弗来堡市的未来能源公司是原来的东德黑水泵煤气联合企业弗来堡燃料研究所,在升级之后大力推进新能源的建设。该公司在1980年建设成功两套粉煤加压气化装置,处理煤量每小时分别达到250kg和25吨。三年后又成功建设一座大型的粉煤加压气化装置,煤炭处理量超过每小时30吨,此项工艺称为GSP工艺。2004年进行改革,进一步加强开发煤的气化技术。GSP流化床煤气化工艺技术特点总结如下。

一是生产效率高,氢气和一氧化碳含量高,甲烷含量少。

二是燃料经过完全气化,不会生成冷凝的副产品,产生的气体也不含焦油、酚等污染物,对环境友好。

三是固体废渣随液态排出,硬度大,对环境污染较小。

四是煤炭种类适用广,对于劣质褐煤、烟煤和焦煤都能气化。

五是煤气化碳转化率高于99%。

六是对氯含量高的材料也能够处理,随原料要求少。

七是气化炉水管冷壁型气化炉,寿命长,维修工作量小。

八是新型水冷气化喷嘴,寿命长,效率高。

C. 壳牌干煤粉加压气化工艺(SCGP)。

壳牌公司对于新的煤气化工艺也进行重点开发,1972年开始进行第三代的工艺进行研究，于 1976 年开始应用成功，也就是壳牌干煤粉加压气化法。这项技术主要由阿姆斯特丹研究院（KSLA）进行自主研发，所建成的煤气化炉能够达到每天 6 吨的煤炭投放量。1978 年进行首次中试，煤炭处理量能够达到每天 150 吨。随后，分别在美国休斯敦迪尔·帕克炼油厂和荷兰的德姆克勒电厂建成了示范装置，达到了日投煤量 2000 吨的规模，主要用于联合循环发电。该装置能够达到 73% 的开工率，并且技术已经达到了国际领先水平。

SCGP 技术的特点如下。

一是原料煤的适用范围比较宽，这种高温加压干粉煤气流床 SCGP 气化方法对于一些煤的性质如粒度、结焦性、灰分、水分、硫分、氧分等要求都不高，因此像褐煤、烟煤、无烟煤等各种煤均可使用。

二是膜式水冷壁气化炉采用水冷壁气化炉，所以能够基本消除频繁检修、更换炉内耐火衬里和耗费昂贵的弊端。同时，单炉产气能力大，具有高效、大型化和长周期运行的显著特点。

三是 SCGP 技术的热效率和煤炭利用率均非常高，可达到 99% 的碳转化率，并且原料煤能量回收率高，能够达到 100%，其中一大部分能以合成气的形式回收，另一少部分以蒸汽形式回收。

四是 SCGP 气化工艺可以作为"洁净煤"工艺，对环境的质量基本不产生影响。因为用这种方法生成的合成气含甲烷量极低，可以称之为高洁净合成气。同时，在整个气化过程中采用密闭式的系统，没有粉尘往外进行排放；令人惊喜的是，在生产过程中所产生的固体废渣排出后能够转化为玻璃体颗粒，可作为道路建筑材料，不仅不污染环境还能为建筑行业提供新型物料；而水洗排放液能够经冷却系统进行循环后进行使用，产生的 H_2S 气体送硫回收装置。

D. 新型对置式多喷嘴水煤浆加压气化工艺。

我国煤气化技术人员经过多年的研究，开发出了对置式多喷嘴水煤浆加压气化技术,此项技术具有中国自主知识产权。华东理工大学会同鲁南化肥厂等单位合作开发了水煤浆多喷嘴撞击流气化技术,该技术与之前的德士古气化技术相比氧耗、煤耗比更低,碳转化率可达到98%,合成气中的有效气体成分($CO + H_2$)能达到83%~85%,是一种更优异的气化技术。

而多喷嘴气化炉相比于单烧嘴气化炉比煤耗能够进一步降低,超过2%,比氧耗也可以降低,接近7%,这一点很关键,对于调节负荷比更加灵活,适宜于气化低灰熔点的煤。

E. HT-L粉煤加压气化工艺。

航天11所多年来致力于原料煤炭本地化、路线优化、降低成本的研究,因此开发出了HT-L粉煤加压气化工艺。并且研究所近年来也在进行关键设备国产化的研究,在借鉴了国外的先进技术后,又充分利用我国航天方面的优势和研究成果,自主进行研发。相关研发产品还包括盘管式水冷壁HT-L气化炉、气化燃烧器等煤气化的关键设备,这些设备都具有成熟的化工工艺,已经成为该研究所独立拥有自主知识产权的煤气化完整技术。

煤气化得到的合成气中含有CO、H_2、CO_2、H_2O和少量CH_4等。所以合成气需要经过净化过程,才能得到高纯度的氢气。气体净化工艺包括变换、酸性气体脱除等过程。

①变换。

变换的主要目的是先把合成气中的一氧化碳和水蒸气置换成二氧化碳和氢气,因为煤气化所制备的初级合成气中一氧化碳含量比较高,然后再脱除多余的二氧化碳、硫化物等酸性气体。此工艺的选择受前期气化工艺的影响,并对后期的净化工艺有重要作用。由于变换反应为放热反应,反应温度越低越有利于反应的进行,其反应所需的蒸汽是生产成本的重要组成部分。因此,企业在选择工艺时应尽量利于节省蒸汽、降低能量的消耗，提高生产能力。

为达到变换的目的，有两种工艺可供选择即铁系触媒的非耐硫中温变换和钴钼系催化剂的耐硫低温变换。

目前国内多采用的变换工艺有中温变换串一段低温变换工艺、全低温变换工艺及中温变换串两段低温变换工艺。在变换工艺中，钴钼系耐硫低变催化剂的推广使用及低温变换技术的进步，进一步提高了CO最终变换率。

②酸性气体脱除。

酸性气体脱除的主要任务是脱除变换气中的对分子筛干燥和燃料电池有毒的气体如 H_2S、COS、CO_2 等。

常用的脱酸性气体工艺有低温甲醇洗工艺和NHD工艺。

首先，低温甲醇洗法属于物理吸收，其特点是在温度比较低的情况下也能对溶剂具有比较大的吸收能力，溶液循环量小，对气体的净化程度比较高，而热量消耗比较少，整个操作过程简单且费用低；并且对气体中的 H_2S、COS、CO_2 能够做到综合性地脱出，在脱出过程中能够做到溶液不起泡、不腐蚀，对于 H_2S 浓缩比较简单，即使原料煤硫含量波动较大时，H_2S 的浓度也可满足硫回收的要求。但是，该工艺也有一定的局限性，就是所涉及的设备和工艺管道都需要一些低温钢材，这就需要引进国外的材料，对于基础建设的投资会比较高，所以后期我们需要自主开发具有自己知识产权的工艺设备，以提高这方面的竞争力。

其次，NHD脱硫脱碳工艺是一种能够在常温条件下操作的工艺方法，此工艺具有溶剂无毒、饱和蒸汽气压低、溶剂损失比较小的优点，并且在再生能耗方面能够做到比较低的水平。除此之外，该工艺所用到的设备材质基本上是碳钢，这样取材范围比较广，大大降低了生产成本。但是，此工艺也有一定的缺点，就是溶剂对含硫物质的吸收能力较差，这就要求在设备方面再增加有机硫的水解装置。

5.1.2 以天然气为原料制氢

天然气中的主要成分甲烷含有氢元素，所以和传统的煤炭制氢的方法相比，用天然气制备氢气具有成本低、产量高的优点，并且排放的二氧化碳较少，天然气也因此成为国内外制备氢气的主要原材料。

天然气制备氢气工艺流程：首先将天然气进行预处理，然后将甲烷和水蒸气通入转化炉中，在此转化成一氧化碳和氢气。所制备的混合气体再经过变换工艺将一氧化碳转变为二氧化碳，降低气体的毒性。这一工艺技术是在天然气蒸汽转化技术的基础上实现的。

甲烷蒸汽转化过程中会将镍用作催化剂，在750℃~920℃的温度下、2.17~2.86 MPa的压力条件下进行操作，而较高的压力能够提高整个过程的效率。此反应是吸热反应，通过燃烧甲烷释放热量，所制备的合成气再经过转换反应将一氧化碳转化为二氧化碳和额外的氢气。这个过程会加入过量的水蒸气，目的是降低甲烷蒸汽转化过程析碳。而最终氢气的收率与采用的技术路线有关。

天然气制取氢的步骤有四个：原料气预处理、天然气蒸汽转化、一氧化碳变换、氢气提纯。

第一个步骤是原料气预处理。其主要是为了将原料气的硫给脱掉，运行过程中通常会用钴钼加氢串联氧化锌作为脱硫剂先把气体中的硫元素从有机变成无机，再进行去除。如果需要处理的天然气流量大，那么可以将原料气进行加压或者选择的压缩机需要更大的余量。

第二个步骤是天然气蒸汽转化。这个步骤采用镍系催化剂，利用催化剂将天然气中的烷烃转化成一氧化碳和氢气，其中也会存在一些杂质气体。

第三个步骤是一氧化碳变换。这个步骤也会用到催化剂，使一氧化碳转换成二氧化碳，最终得到二氧化碳和氢气的混合气体。其中对于一氧化碳转换的工艺可以根据变换温度的不同分为中温变换和高温变换，高温所需的温度在360℃，而中温的温度仅需要320℃。因为两种方式各有优缺点，所以为了结合两者的优点同时弥补各自的缺点，目前常采用高温与低温变换的两段工艺，这样能够对资源进行节省，进一步提高一氧化碳转化效率。

第四个步骤是氢气提纯。

5.1.3 以甲醇为原料制氢

以甲醇为原料进行制氢的原理是甲醇裂解产生氢气和二氧化碳。首先将甲醇和去离子水按一定的比例混合，对其进行加热，当温度达到270℃，加入催化剂 Cu–Zn–Al 或 Cu–Zn–Cr，在催化剂的作用下进行裂解和转化反应，产生氢气和二氧化碳，然后进入水洗吸收塔进行提纯，即制备出产品氢气。

二氧化碳循环利用中，甲醇作为"碳载体"和"氢载体"发挥了关键作用，而且利用甲醇可以解决氢气运输和存储的难题。充分利用甲醇和氢气之间的相互转化反应，将甲醇作为燃料和化工品原料，解决氢能发展过程中的制备、运输、存储和加氢多产业技术，使氢燃料技术成为真正意义的清洁能源技术，从而推动能源低碳转型。

5.1.4 其他方式制氢

根据统计数据发现，纯度≥99%的氢气每年的产量能够达到700亿立方米，这些氢气主要用于炼化产品生产和工业生产领域。氢气的主要来源是煤炭制氢、天然气制氢、甲醇制氢、含氢排放，占比在90%以上，其他的用水电解制氢则占2%～4%。

（1）电解制氢（采用弃风、弃光、弃电）

有些地区具有丰富的水电、风能、光能，所以有足够的条件进行水电解制氢项目。近年来，这些项目的开展为制氢提供了新的途径的同时，也形成了小规模产氢的工业。利用水电、风能、太阳能这些可再生能源进行制氢所形成的是绿色二次能源，既利用了可再生能源，又不产生环境污染。而利用城市电网谷段电力制氢是否同样形成"绿色二次能源"，还应具体分析所在地区的电网电力来源。从目前来看，在一些水电、风电发达的地方，城市中都会有一定的绿色电力占比，这些被称为"浅绿电力"的制氢方法为节能减排提供了一种新的思路，并可以为工业提供清洁、绿色的二次能源。

在技术层面，电解水制氢主要分为碱水电解（AWE）、固体聚合物（PEM）水电解，固体聚合物阴离子交换膜（AEM）水电解、固体氧化物（SOE）水电解。其中，AWE 是最早工业化的水电解技术，已有数十年的应用经验，最为成熟；发展比较迅速的电解水技术是 PEM，而 SOE 和 AEM 起步比较晚，尤其是 AEM，目前仅处于起步状态。从时间尺度上来看，AWE 技术能够进行快速的布局和推广，尤其在可再生资源的消纳方面；但从技术角度上讲，PEM 由于在电解水过程中存在电流密度高、电解槽体积小、运行灵活、利于快速变载的优点，与风电、光伏（发电的波动性和随机性较大）具有良好的匹配性。因此，随着 PEM 电解槽推广的深入和后期技术的更新，其成本将会大大降低，有望成为未来 10 年内的主要发展潮流。SOE、AEM 水电解的发展则取决于相关材料技术的突破情况。

因碱水电解（AWE）制氢工艺最为成熟，下面将重点介绍其主要工艺。

碱水电解制氢系统主要由补水系统、碱液循环系统、电解槽、气液分离装置、氢气纯化装置、氢气储存系统等部分组成。

制氢辅助系统主要包括除盐水制备系统、制冷换热系统、压缩空气供给系统、碱液储存系统和氮气吹扫系统。制氢站经 2 回线路分别接入光伏或风电电站不同母线段，其运行方式为一主一备，备用回路保证在供电不足的情况下使得制氢系统安全停机，或在多个连续阴雨天等环境因素致使光伏无出力时提供制氢电力。

制氢站设置一套DCS分散控制系统，为制氢及综合利用系统的设备和工艺系统的仪表控制、电气系统的控制。制氢站应按无人值班、少人值守原则设计。

①补水系统。

电解水制氢系统补水采用除盐水，除盐水就近接自附近污水厂，将除盐水直接补入制氢系统碱液缓冲箱和补水箱，将碱液配置成一定浓度；配置好的碱液经补水泵送进气液分离装置内，进入碱液循环系统，碱液作为电解质，并不被系统消耗，除盐水被电解产生氢气和氧气，因此碱液在电解槽内被浓缩，浓缩后碱液在气液分离装置内稀释，稀释后再经碱液循环泵送回至电解槽，完成碱液在制氢系统的循环利用。除盐水还将补入闭式循环冷却系统，为制氢系统提供冷却介质。

②碱液循环系统。

制氢系统碱液循环是在电解槽和气液分离装置之间完成的，电解槽电解升温后的电解液分两路：一路富含氢气，另一路富含氧气。它们分别进入氢分离器和氧分离器中，在分离器内分离出氢气和氧气后，两路碱液汇合，经碱液过滤器过滤后，再经过碱液冷却器冷却，进入碱液循环泵，由泵加压后送回至电解槽内，完成碱液在制氢系统内的一个循环。

③电解槽。

电解槽是水电解制氢的关键设备，在电解槽中，水在直流电的作用下电解产生氢气和氧气。反应式为：$2H_2O = 2H_2\uparrow + O_2\uparrow$

电解槽的每个电解小室又分为阳极小室和阴极小室。在电解槽中充满30% KOH水溶液（称为电解液）。

在阴极小室产生氢气，反应式为：$4H_2O + 4e = 2H_2\uparrow + 4OH^-$。

在阳极小室产生氧气，反应式为：$4OH^- = O_2\uparrow + 2H_2O + 4e$。

④气液分离装置。

气液分离装置内分别设有氢分离洗涤器、氧分离器、氢气冷却器、气水分离器、碱液循环泵等设备。含有氢气和氧气的电解液分别经过氢、氧分离器，在重力作用下与电解碱液发生沉降分离，分离出的氧气排放到室外，氢气在分离装置内进一步洗涤、冷却、分离去除液滴，然后进入氢气纯化装置。

（2）光解水制氢

光解水制氢原理主要是利用太阳能，在光催化剂的作用下，将水分解为氢气，是一种比较理想的制氢方法。这种方法在理论上具有简单、高效的优点，因为整个过程是直接利用一次能源物质，中间并没有能源转换所造成的浪费。但是，这种方法仍然存在很大的问题，比如制氢的效率比较低，甚至低于4%，因此在未来的应用方面还需要更深的优化。并且这项技术中光催化材料的带隙与可见光能量匹配，光催化材料的能带位置与反应物电极电位匹配，降低光生电子—空穴的复合率是亟须解决的技术难关。

5.1.5 氢制备的优缺点对比

对于氢的制备已经开发了多种技术，其中煤气化制氢成本最低，能够达到每千克氢气1.67美元的水平，其次是天然气制氢技术，每千克氢气2美元，甲醇裂解制氢气每千克3.99美元，而水电解方法的成本最高，每千克5.2美元。虽然技术一直在更新，与石油销售价格相比煤气化和天然气制氢方法已经存在利润空间，但是电解水制氢的成本仍然比较高，无法达到保存利润的目的。

目前大宗氢源获取方式主要是煤制氢和天然气制氢两种途径，其相关对比如表5-1所示。

表5-1 目前多种制氢工艺参数对比

氢气生产方式	规模（m³/h）	原料成本	氢气生产成本（元/kg）
煤制氢	90000	450元/吨	9.6
工业排气排放物制氢	大规模	10元/kg	11.3
天然气制氢	90000	2.5元/标方	12.6

续 表

氢气生产方式	规模（m³/h）	原料成本	氢气生产成本（元/kg）
甲醇制氢	6000	3 元/kg	21.3
水电解制氢	200	0.5 元/度	28.3

虽然煤气化制氢和天然气制氢能够存在利润空间，但是使用这些化石燃料制取氢气不是可持续的，不能从根本上解决目前环境和能源之间的矛盾。更重要的是，采用这两种方法制取氢气能够排放出大量的二氧化碳，排放量可分别达到 193 kg/GJ，69 kg/GJ，这对全球环境带来了不好的影响。相比于这两种方法电解水制氢能够做到可持续利用，并且二氧化碳的排放量不会超过 30 kg/GJ，远远低于前两种方法的排放量。但是，因为电解水的成本还无法降低，目前仍然需要更深层次的研究来降低其生产成本，从根本上解决能源和环境的问题。

制氢成本不断降低，量产规模持续扩张。以最常用的电解水制氢为例，根据美国能源氢部测算数据，制造 1 千克氢气的成本有望从 2015 年的 3.2 美元降低至 2020 年的 2 美元，成本下降 37.5%。而全球制氢规模已突破每天 140 亿标准立方英尺（如表 5-2 所示）。

表 5-2 电解水制氢成本降低情况 （单位：美元/kg）

	2011 年	2015 年	2020 年
固定资产投资	0.6	0.5	0.4
电价	3.2	2.3	1.4
固定生产运维	0.2	0.1	0.1
其他	0.1	0.1	0.1
总计	4.1	3.2	2.0

化石原料制备氢气会排放大量的二氧化碳，造成温室效应，对环境非常不友好，但是我国目前 97% 的氢气来源于化石燃料方法。水电解制氢的方法虽然不会产生大量的二氧化碳，但是存在成本高的问题，因此水电解制氢比较适合一些电力资源比较丰富的地区，比如风能、太阳能等，制氢

工艺中各类能源转化效率和温室气体排放量如表5-3所示。

表 5-3 典型制氢工艺中各类能源转化效率和温室气体排放量

制氢工艺	原料	能源	能量密度（MW/km²）	能量转化率（%）	CO_2排放量（kg/GJ）
重整制氢	烃类	天然气	750	76	69
煤化物	煤炭	煤炭	750	59	193
	生物质	太阳能	120	0.24	25
电解	水	核能	500	28	17
		水力	5	70	15
		潮汐	1	70	20
		风能	4	70	18
		太阳能	120	10.5	27
光催化	水	太阳能	120	4	27
热化学循环	水	核能	500	50	28

目前对于电解水制氢的方法研究比较多，技术也变得越来越成熟，产氢效率已经达到70%，未来还会继续对该项技术进行深度研发，成本有望继续下降，在制氢方法中占据不可替代的地位。具体来说，电解水制备氢气的成本会受电价的影响，电价占到制氢成本的78%，其余的成本主要来源于固定资产的建立和生产运营，因此未来电价下降也会使氢气的生产成本具有大幅度地下降，如表5-4所示。

表 5-4 电解水制氢成本构成　　　　　　　　　（单位：美元/kg）

	2011年	2015年	2020年
固定资产投资	0.6	0.5	0.4
电价	3.2	2.3	1.4
固定生产运维	0.2	0.1	0.1
其他	0.1	0.1	0.1
总和	4.1	3.2	2

近年来，利用可再生资源进行发电的比例越来越多，随之而来的是发电量快速增长，因此电价下调是必然趋势。政府也有相关的政策发布，比

如发改委已经发布关于适当调整陆上风电标杆上网电价的通知，分别将 I 类、II 类、III 类资源区的电价每千瓦时降低 0.02 元。在未来随着电价下降，技术创新、规模化示范推广等措施会使氢气的生产成本大幅下降，因此，电解水制氢将会迎来爆发式增长时期。

对于目前工业上多种制氢的优缺点进行简单的描述，如表 5-5 所示。

表 5-5　多种方法制备氢气的优缺点对比

制氢方法	优点	缺点
电解水制氢	产品纯度高	耗电量大，成本较高
水煤气法制氢	成本较低，产量高	设备较多，适合大规模生产
石油热裂合成气和天然气制氢	产量高	成本高
焦炉煤气冷冻制氢	成本低	产量有限
电解食盐水副产氢气	纯度高	产量有限
酿造工业副产	纯度高	副产品，产量有限
铁与水蒸气反应制氢	氢气便于分离	反应温度高，能耗大，产品质量差
可再生能源制氢	生物资源丰富	转化技术不成熟
太阳能制氢	无污染，零排放	转化率低

从工业制氢的角度出发，中长期看好电解水制氢，未来生物质及太阳能制氢前景可期。

首先，从短期来看，氢气制备主要靠电解水和天然气、甲醇、煤等燃料制备，目前最常用的方法是传统化石能源的重整，但是化石能源不可再生。所以电解水制氢将随着电价的下降而逐渐成为主流，可利用目前弃电、弃风发电等。

其次，从中期来看，制氢技术主要基于可再生资源，如生物质制氢。生物质资源丰富，是重要可再生能源，生物质可通过气化和微生物进行制氢，但目前仍比较考验转化技术。

最后，从长期来看，以太阳能为基础的零排放制氢技术将成为可能。

5.2 氢提纯技术

氢气作为工业产品有很多标准,根据生产工艺的需要,对氢气的纯度要求也各有不同。氢气作为能源产品,主要满足质子交换膜燃料电池的使用要求,其对氢气的纯度要求较高,对氢气提纯的技术要求也较高。

5.2.1 氢气质量标准

我国氢气的质量标准主要有:GB/T 3634.1—2006《氢气第1部分:工业氢》;GB/T 3634.2—2011《氢气第2部分:纯氢、高纯氢和超纯氢》和 GB/T 37244—2018《质子交换膜燃料电池汽车用燃料氢气》。

全新的燃料电池用氢国家标准《质子交换膜燃料电池汽车用燃料氢气》于2019年7月1日起开始实施,该标准提出了燃料氢气的概念。就目前我国加氢站的发展来看,大部分氢气的纯度还达不到燃料电池加氢的标准,氢气中的杂质含量过高会不可逆地损害燃料电池的相关部件。比如,酸性物质会腐蚀燃料电池内部结构,而氢气中的卤化物会生成一定的酸性物质,这就会导致燃料电池出现不可修复的结构损坏。硫和一氧化碳由于与催化剂铂的亲和力比氢更强,其占据催化剂的活性位点后不易移除,这样会导致铂催化剂缺少足够的活性位点来催化氢生成质子和电子,去完成氢燃料电池后续的反应,使氢燃料电池的输出功率下降且难以恢复,其中又以硫更甚,而工业氢没有对硫的含量做要求。

目前绝大多数市场上销售的氢气关心的是超纯氢还是高纯氢的问题,或者说纯度是几个九。工业氢对硫化物没有要求,如氯、溴、碘等化合物,但在燃料电池里有严格要求,因为氯、溴、碘化合物会对燃料电池的质子交换膜产生腐蚀,破坏其碱性反应环境,对燃料电池造成不可逆的物理损坏,甚至穿孔。

由于用途不同,工业氢和燃料氢的关注点也有不同,工业氢主要关注点在氢气的纯度上,而燃料氢主要关注点在氢气中含有的杂质,即便纯度达到五个九(99.999%)的高纯氢,如果杂质超标,即使是微量甚至痕量的杂质,依旧会对燃料电池带来重大损害。

在新国标里,氮气、氩气、氦气含量对于工业氢影响很大,会影响其纯度。然而燃料电池里边,三种气体为稀有气体,对电极和燃料电池本身不会产生太大影响,只是在一定程度上降低了燃料电池的效率。燃料氢不需要太高的纯度,氢气纯度达到99.97%即可,只需要保证一氧化碳和硫等特殊敏感杂质的含量就可以,具体如表5-6所示。

表5-6 燃料氢和工业高纯氢纯度要求

气体组分	工业高纯氢	燃料氢
H_2	99.999%	99.97%
总烃(按照CH_4计)	1ppm	2ppm
CO	1ppm	0.2ppm
CO_2	1ppm	2ppm
O_2	1ppm	5ppm
N_2	5ppm	N_2 与 Ar 总和小于100ppm
Ar	供需商定	无规定
水分	3ppm	5ppm
NH_3	无规定	0.1ppm
总硫(按H_2S计算)	无规定	4ppb
甲醛	无规定	0.01ppm
甲酸	无规定	0.2ppm
总卤化合物	无规定	0.05ppm
最大颗粒物	无规定	1mg/kg

资料来源:工业高纯氢纯度要求参考GB/T 3634.2—2011《氢气第2部分:纯氢、高纯氢和超纯氢》;氢燃料氢气纯度要求参考GB/T 37244—2018《质子交换膜燃料电池汽车用燃料氢气》。

5.2.2 氢提纯技术

针对工业副产氢提纯技术,国内外都进行了大量研究,目前主要的提纯技术有变压吸附法(PSA)、深冷分离法、膜分离法和定向分离法。各种提纯方法特点如下。

(1) 变压吸附法 (PSA)

PSA 分离技术的基本原理是：基于在不同压力下，吸附剂对不同气体的选择性吸附能力不同，利用压力的周期性变化进行吸附和解吸，从而实现气体的分离和提纯。根据原料气中不同杂质种类，吸附剂可选取分子筛、活性炭、活性氧化铝等。基于 PSA 的原理和操作方式，该方法具有高的灵活性、成熟的技术手段以及可靠的装置等优势。随着技术的完善，近年来 PSA 方法通过增加均压次数，使能源的消耗大幅度降低；利用抽空的工艺，氢气回收率达到 95% 以上；利用多床层吸附剂的装填方式，将会省去一些气源的预处理和后处理操作；利用快速变压吸附（RPSA），能达到小规模的集成撬装；通过与变温吸附、膜分离等技术的结合，实现更多种类的气体分离。

1962 年美国的联合碳化物公司（UCC）投入生产了第一套工业 PSA 制氢设备，此后其他公司如 UCC、HaldorTopsoe 等也陆续向世界各地的企业提供了将近 1000 套的变压吸附制氢装置。近年来随着制氢技术的发展，PSA 小型化方面涌现出一些特殊公司，如阿海珐氢能公司（AREVA H2Gen）、QuestAir 公司等。

与国外相比，国内的变压吸附技术起步较晚，但经过不懈研究，目前国产大型化变压吸附装置已具备了与国外变压吸附装置相竞争的能力，国内 PSA 技术龙头企业四川天一科技股份有限公司设计成功一套特大型的 PSA 制氢设备。该装置能够实现每年产氢 180 万吨的水平，该工程配套的 PSA 制氢装置，原料气总处理能力达 57 万 Nm^3/h，产氢总能力为 48 万 Nm^3/h，其规模将会是全球最大的 PSA 制氢装置。2020 年 9 月，能生产燃料电池级高纯氢气的试验装置在高桥石化开工，并一次成功，该试验装置采用大连石油化工研究院自有专利技术，产品氢气纯度 99.998% 以上，远高于燃料电池车用氢气国家标准，标志着中国石化氢能产业链发展取得了突破性进展。

(2) 深冷分离法

深冷分离的挥发度法主要是利用原料气的一些性质，比如其组成的不同成分具有不同的挥发度，来实现氢气的分离和纯化。与甲烷和其他轻烃相比，氢的挥发度相对较高。随着温度的降低，碳氢化合物、二氧化碳、一氧化碳、氮气等气体先于氢气凝结分离出来。该工艺通常用于轻烃的分离。采用常规的深冷分离法得到的氢气纯度比较低，并且需要在分离之前进行预处理，以去除原料气中的水蒸气或二氧化碳，防止其在冷凝管道中发生堵塞。而且此装置的弹性比较小，对氢气纯度要求不高且规模大的场合可以使用这种装置，但不能用来制取纯度比较高的燃料电池用氢气。如果想要得到纯度更高的氢气可以结合吸附法进行制备。除此之外，因深冷分离法的成本比较高，无法对不同原料成分进行领出处理，特殊情况下还需要补充制冷，所以一般会推荐用作含氢量比较低并且多种产品需要回收处理的样品。

(3) 膜分离法

膜分离法基本原理是：根据不同气体在聚合物薄膜上的渗透速率的差异而实现分离的目的。目前应用得比较多的聚合物膜有醋酸纤维（CA）、聚砜（PSF）、聚醚砜（PES）、聚酰亚胺（PI）、聚醚酰亚胺（PEI）等。膜分离法在整个过程中需要将温度加热到70℃以上，并且要对产品进行经过滤的预处理，所得到的氢气纯度比较低。重要的是对水蒸气、硫化氢、二氧化碳等杂质的含量无法降至10~6级。但与深冷、变压吸附法相比，聚合物膜分离法操作简单、能量消耗低、占地面积小，能够连续运行。由于膜组件在冷凝液的存在下分离效果变差，因此聚合物膜分离技术不适合直接处理饱和的气体原料。

(4) 定向分离法

由于特定的应用场合对氢气的纯度有不同的要求，因此在以上多种分离方法的基础上可以结合定向除杂的技术方案，实现特殊用途的氢气产品生产。以本次产品高标准要求的氢气为例，需要结合变温吸附分离实现定向脱硫等，特殊情况下还可采用化学反应对特定物质和元素的脱除，等等。目前国内已经有近十家提纯企业有自主技术，可以实现不同目的氢气提纯。

根据原料的组成分析，为了实现高纯氢和燃料氢，本次装置选择以吸附分离为主辅助定向除杂技术的提纯方案，涉及 PSA 技术、TSA 技术以及定向除杂技术等。

5.3 氢气的液化

5.3.1 氢液化流程

目前国际上正运行着的大型氢液化系统均是从预冷型克劳德（Claude）循环基础上进行的改进，其缺点是效率都比较低，最高仅能达到30%。

(1) 英戈尔施塔特（Ingolstadt）氢液化流程（德国）

德国的英戈尔施塔特氢液化装置的原料氢来自炼油厂，其含氢量仅为86%，因此需要经过前处理来进行纯化。前处理主要是将原料气压力提高到 2.1 MPa，通入 PSA 纯化器，然后在低温吸附器中进一步纯化至 1 mg/kg 以下，最后将所得到的气体送入液化系统进行液化处理。在这个过程中会进行 O－P 转换，最后得到含有95%以上仲氢的液氢，送往容量为 270 m^3 的储罐储存。

此装置的液化过程会经历三个温区，即 80 K、80～30 K、30～20 K，均由不同冷源提供。其中，80 K 由液氮提供，80～30K 通过氢制冷系统经过膨胀机膨胀获得，30～20K 由 J－T 阀节流膨胀提供。另外在 O－P 转换环节会使用催化剂 Fe(OH)$_3$，Fe(OH)$_3$ 经济成本低，在液氮温区、80～30K 温区以及液氢温区都进行放置。

(2) 洛伊纳（Leuna）氢液化流程（德国）

洛伊纳氢液化流程的氢气纯化省去了烦琐的过程，全部在位于液氮温区的吸附器中完成。其具有不同方式的膨胀机，O-P转换器全部置于换热器内部。

（3）普莱克斯（Praxair）氢液化流程（美国）

美国开发的普莱克斯氢液化流程由三级热转换器组成。第一级主要由低温氮气和独立的制冷系统提供冷量；第二级换热器由LN2和膨胀机膨胀产生冷量；第三级换热器由氢制冷系统提供冷量，循环的氢气会首先通入膨胀机进行降温，然后通过节流膨胀部分液化。最后所剩下的原料氢经过第二级、第三级换热器进行制冷，J-T节流膨胀而被液化。

（4）LNG预冷的氢液化流程（日本）

日本氢之能有限公司（Hydro Edge）开发了LNG预冷的氢液化流程，于2001年4月建成投入使用。这项技术包括了LNG预冷及空分装置，是日本第一次使用来进行联合生产液态氢。此大型装置共含两条液态氢的生产线，产量可达到3000 L/h，而液氧、液氮、液氩的产量可分别达到4000 m^3/h、12100 m^3/h、150 m^3/h。

氢的一些特性比如正-仲转化，剧烈的比热的变化和高声速等会影响氢液化装置，导致其系统效率、氢压缩机效率和膨胀效率处于较低的水平。

因为组成氢气分子的两个原子自旋状态不同，所以氢会以正氢和仲氢两种状态存在。

正-仲氢的平衡组成仅受温度的影响，温度降低时正氢向仲氢转化，会增加仲氢的平衡浓度，并释放出热量。正-仲转化热大于氢的汽化潜热的特征会容易引起液氢的汽化，所以氢的理想液化功远远大于甲烷、氮和氩，其中正-仲转化热占理想液化功的16.03%。

5.3.2 液氢发展现状

液氢工业化主要来源于航天事业，目前美国拥有15座以上液氢生产工厂，生产能力为326t/d；欧洲约有4座，总生产能力为24t/d；亚洲有16座，总生产能力为38.3t/d。中国在陕西兴平化肥厂和北京航天试验研究所建有液氢生产装置。兴平液氢装置的名义产量为1200L/h，但由于产品仅供航天发射和氢—氧发动机研制试验用，其开工生产率不足10%。

(1) 日本液氢领先发展

2014年11月，日本川崎重工业公司成功研制了日本首套"氢气液化系统"。在这之前日本国内厂商拥有的液化系统几乎全部由德国制造。川崎重工将充实维修保养等服务，力图取代德国产品。在该公司播磨工厂内约1公顷的厂区里，试做了可液化氢气的"液化机"以及两个可储藏约70m^3液化氢气的储罐等。该系统可将压缩后的氢气降温至-253℃，每天能生产大约5吨液化氢气。

日本低温储罐技术一直处于世界领先地位，迫于日本国内能源问题，现在日本已经在液氢储罐设计到3000m^3规模，根据日本未来的规划，是在2030年建设两座16万立方米的氢储罐，这和目前LNG接收站的常规全容性储罐规模相同。目前世界上在氢能有更深研究的国家，如日本、德国和美国，除了是汽车生产大国以外，同时都拥有独资设计和建设LNG接收站（包括储罐）的能力。

(2) 国内液氢发展

目前国内氢气的液化制备依然主要集中在航天和军方领域，而在民用方面考虑到技术成本过高，一直没有大规模展开。

为满足未来对航天工业中的需求，北京航天试验技术研究所（101所）也建立了氢液化技术研究室，开始研制氢气液化技术，并对其设备进行了深度的研究。第一套液氢生产装置于1966年建设成功，此装置达到了工业规模并在101所投产。1969年吉林氢液化设备也开始进行建设投产，后来因事故发生爆炸而终止生产。1972年陕西兴平化肥厂氢液化设备进行建成投产，此装置也采用了林德—汉普逊循环，目前此装置仅应用于航天发射和氢氧发动机研制试验。随着各项目的推展，1996年101所又引进了德国林德集团的氢液化循环设备，建设成功后进行投产，此预冷型克劳德循环进行了各方面的改进。后来，国内各航空研发中心相继引进了法国氢液化装置并进行投产使用，均采用了改进型的预冷型克劳德氦膨胀循环。迄今为止，我国航天系统氢液化设备主要是以进口为主，并进行改进，所以，未来这方面仍然需要投入大量的精力进行研究改进。

在民用液氢领域，我国很少有企业进行研发，所以基本处于空白阶段。相信在未来航天领域的技术逐渐成熟以后会陆续向民用领域进行拓展。

北京航天101所和北京中科富海低温科技有限公司都开发出了以氦透平膨胀机为核心的氢液化装置；江苏国富氢能技术装备股份有限公司开发出了以氢透平膨胀机为核心的氢液化装置；鸿达兴业使用北京航天101所提供的氢液化装置，已于2020年年底成功生产液氢，打破了民用液氢市场的空白。

目前我国在液氢制取方面的主要问题是很难进行大规模生产。液氢生产所需要的设备建设成本极高，能源消耗量大，所以未来需要提高生产规模，降低生产成本，这样才会提高本产业的核心竞争力。

而氢透平膨胀机是提高生产规模的核心所在，液氮预冷搭配氢透平膨胀机技术组合产生的制冷能耗相较氦透平膨胀机技术低于25%，并且设备简单，是当下大型氢液化装置的工艺首选。目前北京航天101所和北京中科富海低温科技有限公司都已经开始进行氢透平膨胀机的开发研究，并在样机生产上取得了成果。国富氢能拟在河南洛阳和山东投建的液氢生产工厂均将采用氢透平膨胀机技术，产能在8.6~10TPD。

（3）标准规范的制定

2019年，全国氢能标准化技术委员会提出《氢能汽车用燃料液氢》《液氢生产系统技术规范》和《液氢贮存和运输安全技术要求》，目前此三项国家标准已完成征求意见稿开始实施。

《氢能汽车用燃料液氢》标准对质子交换膜燃料电池汽车所用到的燃料液氢的技术指标、检验方法及包装、标志及运输进行规范。该标准适用于经过管道输送和罐车、贮罐装运的液氢。《液氢生产系统技术规范》标准主要规定了液氢生产系统的氢液化装置、液氢贮存、液氢管道及阀门、辅助设施、测量仪表与自动控制、电气设施、安全防护等方面的设置。《液氢贮存和运输安全技术要求》标准则规定了液氢贮存和运输的相关术语、液氢贮罐的设置、罐车罐箱的运输、清洗与置换、安全与防护、事故处理等。该标准适用于贮存液氢的固定式贮罐，液氢运输的汽车罐车及罐式集装箱。

三项标准的出现对国内液氢发展有何意义？未来我国的燃料电池汽车会大规模发展，加氢站的单站加氢容量快速上升，地域的供需不均导致长距离运输是必然趋势，高压气氢能够满足短距离和小容量的储运，但在长距离、大容量储运上，液氢远远比气氢更加合适。

同时，液氢的长距离运输经济性明显，一辆液氢槽罐车的运输能力相当于 10 辆高压长管拖车，液氢的液化成本也会随着运输半径的扩大和加氢站能耗的节约而逐渐抵消，从而进一步降低氢气成本，促进燃料电池汽车的商业化运营。

国外的液氢在储运领域已经成熟运用，全球三分之一的加氢站为液氢加氢站。美国占全球液氢市场的 85% 以上，而能源领域应用只占 10%。对标美国，未来液氢在中国一定会大力发展，有广泛的市场前景，有氢能的发展，液氢会发展，没有氢能的发展，液氢也会发展，因为它是工业气体。

全球现行民用液氢标准 22 项，其中美国 12 项，俄罗斯 3 项，国际标准化组织、韩国、丹麦各 2 项，英国 1 项。而国内目前已发布有《GBT30719-2014 液氢车辆燃料加注系统接口》。

此次的三项液氢标准征求意见稿的发布将填补国内民用领域液氢标准

空白,不光是燃料电池汽车应用,也包括了其他领域的应用,对整个氢能的发展是一个里程碑的事件。

5.4 氢气的储存与运输

5.4.1 氢气的存储

对氢气进行高密度储存是一个亟待解决的问题,因为氢作为最轻的元素,在常温常压下是以气体形式存在的,密度仅为水的万分之一。若要氢能有突破性的进展,必须解决储氢的问题。天然气的液化和储存解决了整个世界的能源结构分布,而对于氢气依然有着同等重要的作用,充分发挥氢气可规模化储存的特性,将是未来能源领域解决"能源生产、使用(供需)不均衡性"问题的重要途径之一,尤其是提高波动式、间歇性的可再生能源利用率的重要途径之一。

对于氢气的存储方式,目前主要有高压气态储氢、低温液态储氢、储氢材料储氢和有机液体储氢(如表5-7所示)。其中,高压气态储氢在我国应用最为广泛。

表5-7 氢气的储存分类

储氢方式	质量储氢密度(wt%)	体积储氢密度(g/L)	应用领域
高压气态储氢	4.0~5.7	~39	大部分用于氢能行业,如车用、化工、运输等
低温液态储氢	>5.7	~70	航天、电子、运输等
储氢材料储氢	2~4.5	~50	军用(船舶、潜艇)、特殊用途等
有机液体储氢	>5.7	~60	车用、运输等

(1)低温液态储氢

低温液态储氢需要先将氢气进行压缩,升高压力,再将气体温度降到-252℃以下,进行液化后存放,绝热的真空存储器中。低温液态存储方式与高压存储相比，体积和质量的存储密度都有明显的提高，通过低温存储的密度能够达到5.7%，因此在存储密度上来讲，低温储氢是一种比较可观的储氢技术，也是未来重点发展的一种方法。与高压储氢方式相比，低温储氢的运输能力能够提高数十倍以上，可为大规模的风电、水电、光电进行电解水制氢提供储氢途径。

液态氢的密度比气体氢高844倍，因此液态氢的体积能量密度比氢气高出数百倍，如果能够实现液态形式储存、运输，那么用氢气能源来替代传统能源将指日可待。但是，目前这方面还需要技术突破，因为要想将气态氢变为液态氢每千克氢气需要花费4~10kWh的电量，氢液化耗费的能量占到了总氢能的30%。另外，液氢的储存需要耐超低温的大型容器，不仅对容器的密闭性、隔热性、抗冻能力、抗压能力要求比较高，对存储器的设计制备及材料选择也有很高的要求，目前的技术很难实现。

目前国内航天等领域已经实现液态氢储罐和液态氢拖车的建造并应用，一辆液氢罐车可以运输高达1.05吨的氢气。固定式液氢储罐的储存能力可依据需要设计制造，但液氢的储存、输送应注意其蒸发损失的回收利用。

液氢存储的关键步骤是液氢存储管的设计和制造，通常液化氢储罐分为内外两层。储存罐的内胆是直接与温度为20 K的液氢接触，所以一般用铝合金、不锈钢等材料建造。内胆是通过支撑物置于外层壳体的中心，这个支撑物还有玻璃纤维支撑，应该具有很好的绝热性。内外夹层中也有多层的填充物，为了减少热量的耗散，填充物会放置多层镀铝涤纶薄膜，薄膜上也会放置绝热纸，进一步增加热阻，同时能够对低温下仍然残留的气体进行有效吸附。另外，需要用真空泵去除夹层中的空气，形成真空状态，进一步防止空气进行对流散发热量。

早在2000年，美国通用公司就在北京展示了其生产的带有液氢储罐的汽车，整个存储系统质量为95kg，储氢能够达到5kg。后来又进行改进，将罐长改成1m长、0.12m宽，质量降低到90kg，同样能够储氢近5kg。改液氢储罐能够实现质量和体积密度5.1%和36.6 kg/m³。德国的宝马公司也将液氢作为汽车的燃料，通过压缩机、换热器等部件将氢气冷却到20 K，然后将液态氢储存于液化罐中。140 L的液氢能够使汽车续航1000 km以上，可以达到航行需求。

但是这种方式经济成本比较高，对于航天领域能够提供很好的能量，并短时间内提供大量能量。另外，液氢储存的成本与其储存量有关，随着储氢量的增大，会降低单位液氢的存储成本，并且能够低于高压气态储氢。而对于体积小于100 L的小型储存器，通常会用真空绝热加液氮保护的绝热方式，蒸发损失（w%）大约为0.4%/d。而对于真空粉末绝热的大型储槽而言，其蒸发损失（w%）为（1%~2%）/d。综上所述，液氢储存的成本会比较高，对安全要求也比较高。

西方发达国家的液氢应用相对比较成熟，在运输、加氢站和车载中都有广泛应用。我国液氢目前主要应用在航天领域，以及少数的电子行业。航天101所在液氢的制备、储运、应用上都有成熟的经验。

(2) 高压气态储氢

高压气态储氢是在氢气临界温度以上通过高压压缩的方式存储气态氢，是目前应用最广泛的储氢方式。采用高压的方式进行存储与低压相比具有简单易操作、成本低、能量耗散低、速度快等优势，在常温下就能进行转移氢气，对环境的温度要求低，零下几十度也不影响气罐的正常使用。重要的是气罐上设置有减压阀，可以随时调节氢气的释放，操作简单，对转运人员要求低。基于以上的优势，高压气态储氢已经成为成熟的储氢方法。根据应用方式的不同，高压气态储氢分为车用高压气态储氢、固定式高压气态储氢。

①车用高压气态储氢。

车用高压气态储氢目前主要是两种类型，即Ⅲ型金属内胆碳纤维全缠绕气瓶和Ⅳ型塑料内胆碳纤维全缠绕气瓶（如表5-8所示）。当前，国内车载系统中主要以Ⅲ型瓶为主，国内有北京科泰克、北京天海、沈阳斯林达、中材、国富氢能等车用氢瓶生产企业。

2019年4月，沈阳斯林达安科新技术有限公司获得上汽集团5年2亿元的高压储氢罐订单。2020年4月，沈阳斯林达安科新技术有限公司研发的48L铝合金内胆碳纤维全缠绕气瓶，已经顺利通过了氢循环试验，并且是国内首个通过氢循环试验的Ⅲ型气瓶。2021年，佛吉亚收购了沈阳斯林达安科新技术有限公司，随后进行更深层次的技术创新。

表5-8 高压气态储氢储罐

类型	简称	优势	特点
钢瓶	Ⅰ型	重容比大，安全性差	—
纤维环向缠绕钢瓶	Ⅱ型		—
金属内胆碳纤维全缠绕气瓶	Ⅲ型	重容比大，单位质量储氢密度高，安全性相对高	以6061铝合金为内胆，外面全缠绕碳纤维。目前我国已开发35MPa和75MPa，应用于氢燃料汽车中
塑料内胆碳纤维全缠绕气瓶	Ⅳ型［注］		以塑料为内胆，外面全缠绕碳纤维，国外主要以该类型为主，如日本丰田、挪威Hexagon等

注：据了解，目前Ⅳ型储罐在国内不可以销售和使用

②固定式高压气态储氢。

固定式高压气态储氢主要应用在固定场所，如制氢厂、加氢站以及其他需要储存高压氢气的地方。大直径长管和钢带错绕式储氢罐是目前使用比较多的储氢容器，石家庄安瑞科气体机械公司率先在2002年研发成功了大容积的储氢长管，并应用于大规模氢气运输。继而开发的45MPa储氢瓶组，已成功用于国内众多加氢站。长管气瓶材料为铬钼钢4130X，强度高，具有良好的抗氢脆能力。

钢带错绕式储氢罐有45MPa和98MPa两种型号，国内在固定储氢罐研发上已取得显著成果，在攻克多项关键技术的基础上，利用自己的专利技

术这一优势进行研制，成功开发出能够在线监测的抑爆抗爆、缺陷分散、运行状态多项指标的多功能高压储氢罐，目前压力等级可达到 45MPa、77MPa 和 98MPa，相关技术指标达到国际领先水平。长管气瓶组及长管拖车已在国内制造，并在一些制氢工厂、用氢的企业和加氢站安装和运行。中小规模固体氢化物储存装置已在 PEM 备用电源和一些用氢单位应用。

目前高压气态储氢是氢能产业中最成熟的技术，但是其也具有一些致命的缺点有待技术改进，就是体积比容量小的问题，比如 DOE 对储氢容量目标是 70 g/L，但是钢瓶目前仅能达到 25 g/L 的体积比容量。另外，因为高压会导致有泄漏爆炸的风险，安全系数比较低。要想达到能够耐受高压的通能保障气罐的安全性，就需要采用特殊的材料，目前主要使用碳纤维钢瓶，但是这种材料价格昂贵，所以并非理想的选择，可以作为过渡阶段使用。

35MPa 和 70MPa 高压储氢瓶相应国标已发布并实施，我国应用最为广泛的氢气储存方式是高压气态储氢。所以，对于高压气态储氢气瓶也应该有相应的标准规范，比如针对气瓶的设计、生产和使用等方面必须遵守规范，确保安全运行。我国已经于 2018 年 7 月开始实施新的标准，即《车用压缩氢气铝合金内胆碳纤维全缠绕气瓶》，主要用于规范 35MPa 和 70MPa 的高压储氢瓶。

该标准对车内压缩气瓶相关参数、技术方法、试验方法、检验规定、包装、运输、存储等方面进行了规定，这样能够保证高压气瓶使用过程中的安全性。

从目前来看，增大内压提高储氢容量是储氢容器的发展方向。

高压储氢容器的发展主要经历了三个阶段，即金属储氢容器、金属内衬纤维缠绕储氢容器、全复合储氢容器。

经过三个阶段的发展，研究者们发现高压储氢容器的主要发展方向是全复合纤维缠绕结构。多层压力容器主要由四种结构组成，包括内衬、过渡层、纤维增强层、外层纤维保护层，每一层都具有不同的作用。其中内衬的作用主要是发挥阻断，能够预防容器内部的氢气往外渗透，而不承担大的压力，所以工程塑料能够作为内衬材料，因为其材质氢、易于成型的特点，一直是内衬材料的优先选择。过渡层要发挥减缓内外层的剪切力，提高二者的整体性，另外还需要对纤维层进行固定，以防纤维脱落损坏。纤维增强层是承受外载荷的主体部分，因此要求具有高强度、高模量、高比强度、耐高温性能。碳纤维除满足以上要求外，还具有很强的抗腐蚀能力和耐高、低温能力，可作为增强层的理想材料。外层纤维保护层主要保护脆性的纤维，并在已有的承载能力上增加相应的额外强度。

（3）储氢材料储氢

储氢材料储氢就是利用氢气与储氢材料之间发生物理或者化学变化（加氢与脱氢反应）从而转化为固溶体或者氢化物的一种储氢方式。这种存储方式最大的优势是能够进行大体积密度的储氢，在相同质量的情况下储氢材料占用的空间最小。并且在存储使用过程中具有操作比较容易、运输便捷、成本较低、安全性好等优点，对高压、低压气态储氢的缺点进行弥补，是目前最具有潜力的储氢方式。但是，仍然存在一些技术问题待解决。

用于储氢的材料种类很多，根据存储方式可以分为物理吸附储氢和化学氢化物储氢。物理吸附储氢用到的材料主要有金属有机框架（MOFs）和纳米结构碳材料，而化学氢化物储氢用到的材料包括金属氢化物和非金属氢化物。

物理吸附储氢材料主要是通过弱范德华力与气体分子进行弱相互作用，比如含碳的纳米材料包括碳纳米管、富勒烯、纳米碳纤维等，具有非常大的吸附氢气的能力，能够在 77 K 的条件下吸附 4 wt% 氢气。

金属氢化物储氢是利用一些金属或者复合金属能够与氢气进行反应生成金属氢化物的原理进行储氢。金属氢化物的储氢能力与液氢水平相当，据统计，目前有至少 16 种氢化物材料储氢密度能够超过 7.5 wt%，甚至有的材料能够超过 12 wt%。并且所生成的金属氢化物在升高温度后又能够释放出氢气，所以金属氢化物既可以用于存储氢气，又可以为需氢装置进行供氢。另外，在这种储氢材料中，氢是以原子状态储存于合金中，输运过程会更加安全。但是，由于氢化物材料稳定性极好，在进行热交换时比较困难，存储和释放都需要在高温条件下进行，这也是限制氢化物储氢进行应用的主要原因。

综上所述，目前所研究的材料仍无法应用于实际中，是因为研究阶段出现的各种问题还没有得到很好的解决。物理吸附方式找哪个金属有机框架体系是可逆的，但是其操作温度比较低；纳米材料储氢温度也比较低；化学方式中的金属氢化物体系虽然可逆，但是整个过程需要高温进行，而二元金属的稳定性比较差，并且金属氢化物本身也存在一定的问题，因为金属氢化物是粉末比较容易流动，稳定性差，而在吸附氢后体积会膨胀，这对金属氢化物储氢装置要求比较高；等等。这些问题都限制了吸附材料储氢的应用，需要在未来的研究中进行技术创新。

相比气态高压储氢和液态储氢，固体储氢是一种更安全的燃料。要实现商业化还须具备以下几条。

A. 提高单位质量、体积吸氢容量。

B. 具有较低的分解温度和适度的分解压。

C. 具有较低的生成热（放氢所需的最低能量）。

D. 充放电过程中能量损失少、散热快。

E. 良好的动力学和稳定性能。

F. 降低回收和充电基础设施成本，提高安全性。

（4）有机液体储氢

有机液体储氢是利用不饱和芳香烃、烯炔烃等作为储氢载体，与氢气发生可逆化学反应来实现储放氢，储氢密度能够达到 7% 的水平，需要使用时，储氢的液体会经过催化反应将氢气释放出来进行供氢。脱氢后储氢材料会再流回存储罐总，进行循环使用。

液体有机储氢材料最大的特点就是常温下为液态，能够十分方便地运输和储存。整个使用过程中完全通过热交换降低能耗，且没有温室气体排放，安全保障。

武汉氢阳能源研发了一种稠杂环有机分子作为有机液体储氢材料，储氢高达 58 g/L，不会产生副产物，可逆性也比较好，并且可以在常温常压的条件下利用管道、槽罐车等运输。该有机液体储氢材料已经投入应用。

创建于 2014 年的武汉氢阳能源专注于常温常压液体有机储氢技术，目标在三到五年内实现基于常温常压液态有机储氢的配套装备。其推出的新型有机液态储氢材料安全指标远高于汽油、柴油等传统能源，见表 5 - 9。

表 5 - 9　"氢油"与汽油、柴油主要安全数据对比

材料	闪点	熔点	沸点
氢阳液态有机储氢材料	>150℃	-20℃	>300℃
汽油	-50℃ ~ -20℃	< -60℃	30℃ ~205℃
柴油	>150℃	-50℃ ~ -10℃	180℃ ~370℃

氢阳新型液体储氢材料在常温常压下的储氢密度能够达到 58 g/L，虽然距离液氢（-253℃；70 g/L）还有一定的差距，但已经远远高于高压储氢（70 MPa；39 g/L）的水平，未来如果能够实现成熟量产，必将带来广阔的应用空间。

2018 年 11 月，氢阳能源全国首个常温常压液体储氢材料生产基地在湖北省宜都市启动建设，预计年产乙基咔唑 1000 吨。该项目属于中试项目，中试是产品从实验室走向工业化规模生产的过渡环节，说明氢阳的液体有机储氢材料基本完成实验室研发阶段，正在为大规模量产做准备。

早在 2016 年，氢阳能源就与扬子江汽车合作推出第一代基于液态有机储氢材料的氢燃料电池客车"泰歌号"，2017 年两家再次联手研发第二代氢燃料电池客车"氢阳号"，相比第一代优化了有机液态储氢与燃料电池

的耦合，提高续航里程达 400km。2018 年 2 月，氢阳能源与三环集团签订战略协议，共同研发基于有机液体储氢技术燃料电池的新能源汽车、火车机车氢燃料电池动力装置；两家公司在 2018 年 6 月推出了世界首台常温常压氢能物流车。

根据上述分析，针对不同种类的储氢技术，其优缺点对比见表 5-10。

表 5-10 储氢技术优缺点对比

储氢技术分类	储氢量%	优点	缺点
加压气态储氢技术	1~3	成本低，充放气速度快，常温下可以进行	储氢量低，需要耐高压容器，耗能高，运输成本高，安全性差
低温液化储氢技术	>10	体积能量密度大，储存容器体积小	液化能耗高，储存及保养条件要求苛刻
碳质材料储氢技术	3~10	比表面积很高，尤其是碳纳米材料，储氢量较大，运输方便	植被碳纳米材料技术不成熟，成本高
金属合金储氢技术	1~8	具有较高的安全性、稳定性、可操作性	储氢性能差，易于粉化，运输不方便
有机液体储氢技术	5~10	储氢量大，运输安全方便，可以循环使用，能耗低	催化加氢和脱氢装置费用较大，技术操作复杂，脱氢效率较低

5.4.2 氢气的运输

虽然经过了多年技术的更新，但是氢气体积能量密度无法提高，其液化过程困难，其运输的成本远远高于传统的燃料，仅能达到交货成本的 6% 左右。而且随着规模经济与技术进步导致的制氢成本下降，还会不断增加运输成本的比重。因此，对现有氢气输送方案的技术经济特征进行分析，构建经济高效的氢气储运及配送基础设施，是氢能产业发展必须解决的重大问题。

目前国内外的氢气运输技术主要包括高压气态、液态、有机载体

(LOHC）及固态储氢运输四类。其中高压气态运输由于技术实现简单及成本低等特征，应用最为广泛，而液态运输次之。有机载体（LOHC）与固态运输原理相似，均利用氢气与有机液体或固态金属反应生成氢键复合物或金属氢化物，在目的地进行脱氢处理，从而实现高效运输。后两种技术优势明显，前景可期，但目前成熟度不高。

（1）高压气态运输

高压气态运输，是指采用压缩机将氢气在常温下压缩至较高要求和密度，采用密封容器或管道运输至目的地再进行调压的技术方案。目前进行输送的工具主要有集装格、集装管束、管道运输三种。

①集装格。

集装格是采用钢结构框架将 10~16 只容积 40L 的单瓶集装在一起采用常规车辆进行运输，钢瓶压强可以达到 15~20MPa。由于钢瓶自重较大，运输氢气的重量仅占钢瓶重量的 0.067%，因此运输效率低下，成本高。但是，集装格也具有一定的优点，比如其操作方式简单，具有灵活的运输方式，比较适合短距离并少量的需求的氢气供应。

②集装管束。

集装管束运输车也称管状集装箱，是将多只（通常6~10只）大容积无缝高压钢瓶通过瓶身两端的支撑板固定在框架中构成，采用大型拖车运输。集装管束的前端会配备相应的安全仓，其中安装爆破片安全泄放装置，而后端会安装测温、测压仪表、控制阀门和存放气管路系统。国内主要生产商中集安瑞科生产的集装管束承受压力 20MPa，每次可装载氢气约 4000Nm^3，重约 460kg。

③管道运输。

管道运输通过在地下埋设无缝钢管系统进行氢气输送，管道内氢气压力一般为 4 MPa，输送速度可达到 20 m/s。管道运输速度快并且效率高，但是在初期需要投入大量的资金。目前，氢气管道在美国及欧洲采用较多,我国国内则相当少见。我国已知有一定规模的管道项目有两个:济源—洛阳 (25 km) 及巴陵—长岭 (43 km)。

(2) 液态氢气运输

①槽罐车液氢运输。

液氢运输是将氢气于 -253℃ 的低温下转化为液体形态,采用槽罐车进行运输。液态氢运输比高压气态陨石的方式能够达到更高的体积能量密度,因此会大大提高运输效率。如国外常见的液氢槽罐车水容积可达到 65 m^3,单次可装载液氢约 4300 kg,运送能力是集装管束拖车的 10 倍。但氢气液化能耗较高,相当于被液化氢气热值的 33% 左右,同时在运输过程中具有极高的保温要求以防止液氢沸腾,因而成本高昂。

②有机载体储氢运输 (LOHC)。

有机载体储氢运输是一种新型的实现氢气液态运输的技术方案。该技术利用某些烯烃或芳香烃等有机液体 (LOHC) 与氢气在催化剂作用下产生加氢反应,生成氢键复合物,在常温常压下实现氢气的安全高效运输。在进行供氢时,会对复合物进行处理,以放出足够的氢气,但目前仍处于研究阶段,不具备应用的技术条件。一方面,LOHC 及催化剂的成本尚不明确;另一方面,加氢及脱氢处理使得氢气的高纯度难以保证。

(3) 储氢合金固态氢运输。

该技术利用稀土系、钛系、锆系和镁系等金属或合金的吸氢特性,与氢气反应产生稳定氢化物,在常温常压下运输至目的地之后再通过加热释放氢气。此项技术在理论上能够大幅度提高氢气的体积质量密度,比高压钢瓶所储存的氢气量高出上千倍。但是,基于储氢合金的价格昂贵,所以成本会比较高,仅能用于电池领域,离大规模的氢气运输还有一定的距离。

(4) 氢气运输方式分析

从上述分析可知,目前从技术上适用于大规模氢气运输的成熟技术方案主要为集装管束运输、管道运输、液氢槽罐车运输及 LOHC 运输。以下分别对不同技术方案的运输成本加以分析（见表 5-11）。

表 5-11　氢气运输方案技术特征对比

技术方案	技术要求	技术成熟度	市场风险适应性	要素市场价格敏感性
集装管束	中	高	高	中
管道输送	中	高	低	低
液氢槽车	较高	较高	较高	高

①运输成本。

在满负荷运营状态下，管道运输的成本明显优于集装管束与液氢槽罐车运输。在 300km 运输距离之内，集装管束的运输成本优于槽罐车，而运距超过 300km 之后，槽罐车运输成本开始低于集装管束。

②对市场需求风险的适应性。

由于集装管束与槽罐车的单车运输量不大，在市场需求波动时可以通过调整运输车数量保持车辆处于满载运输状态，年总运输量变化对单位运输成本的影响很小。因此，这两种运输方式对市场需求波动具有较强适应性。

而氢气输送管道尽管满负荷运营状态下单位运输成本极低，但其成本优势是由巨大的运输能力保证的，单位运输成本受运输量影响明显，一旦市场需求下降到原设计运能的 20% 以下，管道运输的成本将高于另外两种方案。

③对生产要素市场风险适应性。

集装管束运输成本中占比最高的是劳动力成本，因此其成本对劳动力市场价格具有一定敏感性。而液氢槽罐车运输主要对电力价格比较敏感，因为液氢槽罐车的主要维护成本是电力费用。另外，管道运输建成后会对生产要素市场价格敏感性低一些，因为管道运输主要在于建设时进行的投资。

因此，需要综合多种因素来选择氢气的运输方式（见表 5-12），比如固定成本和可变成本等。其中,气体罐运输投资成本会比较低,但是存在输送容量小的问题,因此,可变成本极高。而管道运输主要是前期的建设费用比较高,但是后期使用成本低,这就降低了可变成本。因此,在选择氢气的运输途径时需要考虑到两个重要的因素,即加氢站的氢气需求量和运送的距离,这是选择的关键。目前国际上对管道运输已经有了成熟的技术,比如美国输送氢气的管道已经达到2400km,欧洲也已经接近1600km。加氢站的设置决定了氢燃料运输路径的选择,考虑到加氢站与氢气制备位置的距离与加氢站的规模,小型加氢站可以采用气罐运输的方式,而对于大型加氢站最好采用管道运输的方式,这样才能够最大限度地降低运送成本。

表 5-12 氢气的运输方式对比

运输方式	运输能力	运输距离	能量耗损	固定成本	可变成本	部署时间
气相储罐	低	低	低	低	高	短期
液相储罐	中	高	高	中	中	中长期
管道运输	高	高	低	高	低	中长期

④结论分析。

在可以预见的未来,全国大规模制氢企业向城市门户的氢气输送主干道应当以氢气管道为主。其低廉的运输成本将有利于大规模制氢企业布局于生产成本低的区域。城市内部中短距离的配送主要以集装管束运输为主,而在远距离运送时可以采用液氢罐的形式,这样在不稳定需求时能够发挥优势,并且可以弥补管道运输的不足。有机载体 LOHC 技术相比集装管束与液氢槽罐车均有明显优势,如果能够成功走向成熟则有望成为新的中短距离运输有效方案。

以下是不同于传统的几种运输方式,非常类似于 LNG 目前的发展,是将来氢气如果实现大规模应用需要采用或者经历的阶段。

A. 日本——第一艘液氢运输船。

据《机动船》(*Motor Ship*) 2014 年 6 月刊报道,日本川崎重工已经制订计划，设计世界上第一艘运输液氢船舶。这项工作的开展主要起源于陆路运输所用燃料产生的液氢市场。燃料电池虽可以使用几种气体工作，但效率最高的当数氢气。

液氢比液化天然气更易挥发，因此需要先进的储存系统。现在川崎重工已取得日本船级社许可，设计并制造适合安装在液氢运输船上的液氢储存系统。

液氢储存在容量 1250 m³ 的压力容器。必须 -250℃ 低温运输液氢，因此储存容器将做成圆柱形并水平安装。已经设计了两种类型的运输船：一种配备 2 个储存容器，另一种装有多个球形罐船体更大。前者可达 2500m³ 运载量，并且船体为双层侧板和双层底，以便在船舶搁浅和碰撞的情况下危险最小。

液氢罐车因为在液化过程中花费资金大，约占到总花费的 60%，所以在运输中花费的成本仅占一小部分。也正因如此，液氢罐车的成本变动与距离的关系不大。据统计发现，运输距离在 50~500 km 范围波动时运输价格会在 13.51~14.01 元/kg 范围略微提高，此提高的成本与其他成本相比可以忽略不计。所以，液氢罐车进行长距离运输会更具成本优势。

B. 借助天然气管道。

目前澳大利亚已经开始做实验，该试验将有助于确定将氢气引入天然气分配系统中后，哪些设备和组件需要更换。2020 年，澳大利亚的电力 100% 来自可再生能源，这将使排放量减少 40%。目前氢气已经添加到运输天然气的管道，纯度达到 10% 而不会产生任何安全问题。

全球应用的典型案例是英国的 HyDeploy 项目，这是英国第一个向气体网络注入氢气的示范项目，氢气注入体积比达到 20%，旨在为英国境内的氢气混合市场提供一个先锋平台。

HyDeploy 项目总共花费 6 年的时间，在 2017 年开始，将于 2023 年完成。此项目进行三个氢气存储试验，将 20% 体积的氢气混合到基尔大学的专用网络中和 NGN、Cadent 的网络中，不需要对天然气网络进行大量改造，作为欧盟认证的一部分，1996 年《燃气器具指令》（GAD）之后的所有家用燃气器具都经过了 23% 的氢气测试。因此，HyDeploy 的目标是建立必要的证据基础，证明 20 Vol% 的氢气混合物与天然气一样安全。

该项目的总体目标是为氢气—天然气混合提供安全案例，并促进清除启动氢混合市场所需的监管障碍。项目结束时的目标是将能够让氢气生产商像现在的生物甲烷供应商一样向天然气网络中注入氢气。

2021 年，宁夏"输氢管道及燃气管网天然气掺氢降碳示范化工程中试项目"初步设计、施工图设计中标成功，该项目包括 7.4 公里的输氢主管线及一个燃气管网掺氢试验平台。项目建成后，将成为国内首个燃气管网掺氢试验平台。

C. 罐式集装箱。

2019 年 11 月，65 个 LNG 罐式集装箱在辽宁锦州港完成了卸载，标志着我国第一次大规模的 LNG 罐箱成功进行试点，罐式集装箱有了突破性的进展。此试点的成功对我国 LNG 运输方式的创新具有重要的意义，即能够解决南方地区 LNG 接收站在冬季产能富余的问题，也加快了我国进行全方位构建多渠道天然气输送体系的脚步。

参考 LNG 已经实现了水陆互运的运输方式，对于氢能运输在解决运输设备的问题，罐式运输同样有客观的发展市场。

5.5 氢气的应用

万事俱备只欠东风，交通领域是氢能应用的最大突破口，氢能源的应用有两种方式：直接燃烧和燃料电池。其中，燃料电池效率更高，所以也有一定的发展潜力（见表 5-13）。根据多年的发展，燃料电池技术在各个领域都有了基础的应用，主要以固定式领域为主，其次是交通领域和便携式领域。其中便携式领域虽然数量多但是容量需求比较小,所以出货功率很小,占比也就比较低。燃料电池车与传统的汽车相比不产生污染,不产生噪声,没有传动部件,而与电动车相比则有续航能力强,充电时间短,起动速度快等优势,因此具有很广的发展前景。

表 5-13 燃料电池和锂离子电池动力车性能对比

性能参数	燃料电池车	锂离子电池车
续航里程	>480km,长	135~480km,短
能量密度	高	低
充电时间	几分钟,短	长

近几年全球燃料电池行业得到了快速的增长,从投入运营量增速来看,2015 年就达到了 122%,而计划增加的数量达到了 198%。从占比来看,主要是乘用车,占据 80% 的市场份额。从出货量来看,主要的市场还是集中在亚洲和北美区域,尤其是北美增长非常快,已经发展成全球的主要市场,占到 76% 的份额。此外,全球燃料电池车销量也有了很大增长,2014 年达到 8000 万辆以上,并且仍然具有增长趋势,未来小型燃料电池车将会有爆发式的增长。

目前,小型燃料电池汽车也在进行商业转换,国际上各大型公司一直在进行商业化的推动。其中日本丰田公司的技术处于世界前列,并在 2015 年开发出 Marai 燃料电池车在欧美等国家进行上市销售。

Marai 燃料电池汽车所具备的一系列性能比普通的电动车强很多,它的续航能力能够达到 700 km,比电动车高出 4 倍之多,对于私家车来说这个距离足以满足日常需求。并且只需要花费 3 分钟的时间就能够进行加氢完成,使用非常便捷。最重要的一点是,在温度为 -30℃ 的条件下也能进行正常启动,这就弥补了传统的汽车在低温条件下的发动受影响的缺点,并且在行驶过程中不产生温室气体,对环境很友好。

对 Marai 燃料电池汽车生产成功后,丰田原本的目标是在国内销售 400 台,向国外销售 300 台,主要是美国和欧洲。但是在发售之后,订单远远超过了原本的预期，仅国内就超过了 3000 台，而美国也超过了 2000 台。但由于以现在的技术还无法实现量产，并且很多环节都是通过手工制造，对 Marai 的生产每年仅能达到 700 辆。据统计，到 2021 年，在全球的销量达到了 10000 辆，而 8 月一个月就销售出 5900 辆，同比增长了 91.7%。其中现代 Nexo 的销量占全球氢燃料电池汽车总销量的 52.2%，排名第一。

虽然销售数据很客观，但是燃料电池汽车的发展却遇到了很多问题，主要还是制氢和储氢的问题，使得生产成本无法降下来；另外还有加氢站网络的问题，目前全球化的加氢站网络并没有完善，限制了氢能源汽车的发展。关于加氢站，北美、欧洲、日本、中国、韩国和澳大利亚等虽有分布，但是数量仍然很低，即使加上目前在建或者计划建设的也无法满足目前对氢气的需求，主要是因为加氢站的建设周期很长，又需要前期的试运行，所以目前很难实现大范围的布局建设。加氢站网络的极度不完善是氢动力车的市场推广非常大的阻力。

为了解决加氢站的建设在氢能源推广中的阻力，各国政府都在进行大力的支持，极力推进加氢站等基础设施的建设，未来将会有更多的加氢站进行布局。

5.5.1 燃料电池汽车

2015 年，氢燃料电池汽车最引人注目的动态当数丰田汽车公司 Mirai FCV 在美国加州的销售。Mirai FCV 推出前的预期目标是在 2015 年底之前售出 400 辆。但上市的第一个月内，丰田就已收到近 1500 辆的采购订单。所以，丰田公司随即调整了年度目标到 3000 辆，以满足消费者的强劲需求。

2018 年 3 月，电商巨头京东成为全国第一批使用氢能汽车作为自用物流车的电商之一，加快其"青流计划"的绿色步伐。11 月初，京东物流决定扩大氢能车队规模，增配一批氢燃料电池物流车，为"双十一"年终购物狂欢再添"氢"力。为确保最强"双十一"期间氢能车队车辆的顺利、高效运转，该批氢燃料电池物流车发动机供应商是 Re–Fire 重塑科技公司。

2018 年"双十一"期间服务的氢车熟路数百台氢燃料电池物流车队（全球第一大氢燃料电池物流车队）全部搭载的是富瑞氢能公司三瓶组车载供氢系统，一次充装 9.3kg，加氢时间 5min 左右，单次续航里程 350km 以上。该批车辆至今累计商业化运营里程近 300 万 km，保障了京东购物热潮中的每一件货物能够"氢"松、准时、高效地送到目的地，实现了"包裹悄悄地送达，不留下一丝尾气污染"。

上海江桥加氢站自 2018 年 2 月 8 日正式加氢，2018 年"双十一"期间，加氢设备成功实现日加注 750kg/d 设计能力，截至目前该站累计总加氢量达到 400 吨，堪称世界首例可以实现规模化加氢、商业化运营的加氢成套设备。

氢燃料电池汽车价格居高不下。丰田公司在 2015 年对外宣称氢燃料电池汽车在试运行时期的价格是 6 万美元，所以目前氢燃料电池汽车针对的还是高收入群体，并且对加氢站等基础设施要求比较高。迄今为止只有少部分城市具有足够的加氢站，我们通过表 5-14 也可以看出燃料电池汽车的动力成本在逐年下降，而传统的汽车成本却在上升，预计到 2050 年之后燃料电池汽车成本会与传统的汽车持平。

表 5-14 汽车动力方案成本比较　　　　　　（单位：美元）

技术方案	当前成本	2030 年成本	2050 年成本
传统汽油内燃机	28600	30900	32300
传统柴油内燃机	29300	31700	33100
混合汽油内燃机	30000	31800	33200
插电式混合动力	32400	33200	34400
纯电动	35400	32800	34000
燃料电池	60000	33600	33400

从表 5 – 15 中可以看出，燃料电池汽车的成本主要是因为燃料电池系统的成本比较高导致，所以降低燃料电池的成本是发展氢燃料汽车的关键步骤。未来在氢燃料电池汽车方面的研究应该主要集中在降低成本的基础上延长使用的寿命。目前主要难点是，高压罐的成本难以下降，因为制备高压罐使用的材料比较昂贵，这方面的成本无法降低，所以需要开发新的复合材料来降低成本。相比于高压罐电池和电力控制系统的成本会比较容易降低，随着技术的提升会大大延长电池的使用寿命，最终提升整车的使用性能，降低成本。

表 5 – 15　氢燃料电池汽车方案成本预测　　　　　　（单位：美元）

	当前成本	2030 年成本	2050 年成本
车身和底盘	23100	24100	25600
燃料电池系统	30200	4300	3200
储氢罐	4300	3100	2800
电池	600	460	260
电动机和电力控制系统	1800	1600	1400
合计	60000	33600	33400

从原理上说，燃料电池汽车在续航里程上的优势也很好理解。纯电动车的里程受到其搭载的二次电池容量的限制，而二次电池的发展，受到电化学反应原理的限制，其容量的提升可以说是在百年间进展缓慢。而对于燃料电池汽车，只需要不断增大储氢压力，就能线性地增大其续航里程。虽然工程实践中其实也没有理论上这么简单，增大储氢压力关系到氢罐材料、安全性、总体效率等方面，但是其提升的难度仍然远低于二次电池的性能提升难度。

氢能源汽车具备的优势主要有以下三点。

一是续航长，据目前已公开的数据，氢能源客车加注满高压氢气后可行驶距离达到 450km 以上，乘用车可达 600km 以上；而相对应的代表纯电动车领域最先进的特斯拉 Model S 60 电池可充电 60kWh，提供 390 公里续航。

二是加注时间短，为 3~10min，而即便是使用快充技术的特斯拉跑车，充电也需要 30~40min。

三是环保，尾气排放只有水。

可以看出，以上优点的前两项是针对纯电动车而言的，最后一项相对于纯电动车并无优势，同时这两点也是目前氢能源汽车开发在客车和卡车领域热情更高的原因。

而氢能源汽车发展可能的风险有两项。

首先，氢能源汽车大多数情况下，其氢来源于电解水，即电能—化学能—电能的模式，而纯电动车直接充电，在能量效率上具有优势。因此，开发站内太阳能、风能等清洁能源发电后制氢或者在风电、太阳能等资源过剩以及无法充分利用的地方建立制氢厂成为可供考虑的选择。

其次，锂电池技术突破或者新的电池诞生导致充电时间和续航力弱点消除，目前锂电池能量密度提高已进入瓶颈期，直接刺激了燃料电池汽车的开发，但不排除这种情况会发生变化。

5.5.2 加氢站

加氢站作为氢气的供给站，其重要性不言而喻，目前国内制约氢能燃料电池发展的主要方面之一是加氢站等基础设施的缺乏，没有便捷充足的能源做补给，氢能汽车很难全方面推广。

5.5.3 储能方面

"化弃电为氢"能够在提高电网的"弹性系数"和电网的恢复能力的基础上，将发电所产生的弃电进行转化产生氢气，然后进行存储，在用电高峰或紧急灾害时期通过燃料电池发电提供所需电能。目前，日本东芝公司能够很成熟地运用这种方式进行商业化，并进行示范。

氢能作为一种比较清洁的能源方式能够通过气相或液相的形式储存在气罐中，也可以通过固相的方式储存在各种储氢材料中，如金属氢化物、金属有机框架等。氢储能作为一种特殊的储能方式，能够达到百 GWh 以上，其优点是能量密度高、运行成本低、可长时间储存，整个过程不产生污染。氢储能供电不受时间的影响，可以极短时间供电，也可以极长时间供电，所以能够作为一种比较有潜力的大型储能技术。

从原理上来看氢能可以作为一种化学储能的方式，利用水电解生成氢气和氧气的反应。比如风电制氢储能，在风电充足但无法上网、需要将其作为废弃的能量释放时，可以利用风电将水电解生成氢气，然后将氢气作为能量储存起来；当电量无法供应或者紧急情况下需要供电时，就可以将储存的氢气再转换成电能进行供电。

一般提到氢储能系统都是电能—氢能—电能进行的循环系统，与常规的电池相比具有本质的不同。此循环系统前端是电解水环节，大都是用功率来计算容量，功率的大小代表氢储能系统充电功率大小；中间是储氢环节，在这个环节是用氢气的体积或质量来代表容量，此容量的大小代表了氢储能系统充电或放电的时间长短，只要加大储氢罐的体积或质量就能够增加电能的储存容量；而后端环节就是燃料电池，也是用功率来计算容量，代表了放电的功率大小。

氢气作为能源载体的优势在于以下两点。

首先，通过电解水制氢和燃料电池进行放电能够实现氢能和电能之间的高效率转换，而经过压缩的氢气具有高的能量密度。

其次，氢能具有在电网中大规模应用的潜力，风能、太阳能等能量会发生强烈的波动，具有不稳定的特性，将这些能量转换为氢能对于储存、运输有重要的作用，而所存储的氢气能够通过燃料电池进行发电，也可以用作燃料进行工业生产。

（1）氢储能在发电领域的应用

①氢储能发电技术。

氢储能发电是氢能的一个重要应用。利用弃电、弃风、弃光等进行制氢，生成的氢气作为能量进行储存，在电力不足的情况下再将储存的氢气通过燃料电池进行供电。还可以用氢气转化为甲烷，提供燃料。近几年来，氢能发电由于具有能源来源简单清洁、能源丰富、存储时间长、转换效率高、无污染物排放的优势，在世界范围内已经成为一种具有潜力的储能方式，可以解决电网削峰填谷、新能源稳定并网问题，提高电力系统安全性、可靠性、灵活性，并大幅度降低碳排放，推进智能电网和节能减排、资源可持续利用战略。但是，目前氢气制备成本比较高是氢能源主要的发展障碍，如氢气储能设备投资高，后期基础设施不完善等问题，国内外都致力于这些问题的解决，相信未来会有大的技术突破对氢能源的推广产生强的助推力。

②氢储能发电应用技术现状及制约因素。

欧洲对于氢储能发电的技术比较成熟，目前已经具备了完整的技术进行产氢和储氢，并且也有很多氢能源的示范项目。而美国和日本也将氢能源发电列为重要的能源发展方向，各国也进行小型氢能发电站的推广，对大型发电站也正在筹划建设中。从国内情况看，中国电解水制氢技术的基础较好，包括零部件控制、集成等方面的相关产业链也在逐步形成。发展氢能已列入国家的重大发展项目之列，国家电网公司也正在进行氢能储能发电的前瞻性研究。

与传统的电池储能技术不同的是，氢气储能发电通过电解水制氢的方式，将能源以气态燃料的方式存储起来，可以用在化工、氢电池汽车、加气站等更多的场合。使用这种方式，既有利于近距离紧急使用，又能够实现远距离管道运输。但目前在应用过程中氢储能还存在一些技术问题，主要表现在以下几个方面。

A. 宽功率波动适应性的高效电解制氢技术还有待发展。

B. 氢储能目前还需要实现低成本和大型化。

C. 需要提高氢储能系统与风电场的适配性及集成技术。

D. 协调氢储能系统与电网的综合调峰控制。

E. 需要进一步发展大规模、低成本的氢气输运技术。

(2) 氢储能效率

按照现在的电解水制氢技术，1 kg 氢气理论上需要消耗 40 度左右的电来制取，而通过电解水制出的 1 kg 氢气只能转化为约 15 度电，理论上要损失至少 60%。因此，即使氢储能方式能够进行长期储能，但是效率低，能量损失比较大，即便在考虑热电联供的条件下效率也仅能达到 40%。效率低的原因主要是在各个环节都有不同程度的损耗，比如电解时会损失 27% 的能量，随后的压缩损失 3%~6%，运输过程中会损失 2%~3%，零售环节也会损失 10%，而转化利用环节将会损失 50% 的效率，所以最后计算的整个转换效率还不到 30%。这大大增加了氢能源产业的成本。

目前常用的储能方式仍然是抽水蓄能及各种化学电池储能。据统计，全球进行投产使用的储氢项目有 180.9GW，其中抽水蓄能所占的规模最大，达到了 170.7GW，其次是电化学储能和熔融盐储热，分别为 6.5GW 和 2.8GW。我国的储能项目总计达 31.2GW，其中也是以抽水蓄能占比最大，达到 30.0GW，另外的电化学储能和熔融盐储热分别为 1.01GW 和 0.22GW。所以就全球来看，氢储能仍然仅占有很小的份额，有些仅停留在研发阶段。

因此，未来需要大力发展氢储能技术，要想加快推动氢能源的发展，首先需要解决电氢两种能量载体之间的转化效率低的问题，能够做到低成本、大规模存储；其次新能源波动性制氢、电网与管网络互连互通和协调控制等关键技术，也需要进一步的实践并总结经验，最终实现能源网络化大规模存储的应用。构建配置能力强、安全可靠性高、绿色低碳的全球能源互联网提供技术支撑。

5.5.4 其他方面

除以上几个主要应用方面外，氢能还在分布式氢能系统、燃料电池热电联供等高效率、高节能的技术上做出一份贡献，日本已经有所涉及。

氢气与天然气混合，可以运输也可以直接利用其能源等，三菱日立动力系统有限公司（MHPS）正在进行使用30%氢燃料混合物的大型燃气轮机测试。根据试验的结果，这种新型的燃料器能够实现氢气与天然气混合的稳定燃烧。与天然气发电相比，使用30%的氢气混合物，二氧化碳排放量可以减少10%。

第6章 加氢站技术研究

加氢站是一种类似于加气站可实现交通能源加注的综合应用场所,包括氢气的短期存储、氢气的压缩和定量加注。区别于化工装置中的加氢反应,这里的加氢站主要是指以氢为动力能源的机动车辆或其他动力机械提供能量资源加注的服务的场所。

加氢站加氢大致分三个步骤完成(以45MPa加氢站为例)(如图6-1所示)。

第一步,加氢站氢气的来源,一种方式是通过专用长管拖车从氢气工厂运输至加氢站,另一种是来自加氢站站内制氢装置的氢气(如电解水制氢、天然气制氢等)。

第二步,到站的氢气压力无法满足直接加注车辆要求,需要在站内进行一定量的存储,存储设施可以是瓶组,也可以是固定储罐,或者氢气井。对于加注规模相对较小的站可采用长管拖车的氢气瓶组直接作为低压气源。

第三步,车辆加氢时,按照压力从低到高的次序,从长管拖车、储氢罐先后输出氢气,通过站内的控制系统实现加氢机加注氢气(加注终端压力不能超车载储罐要求)。

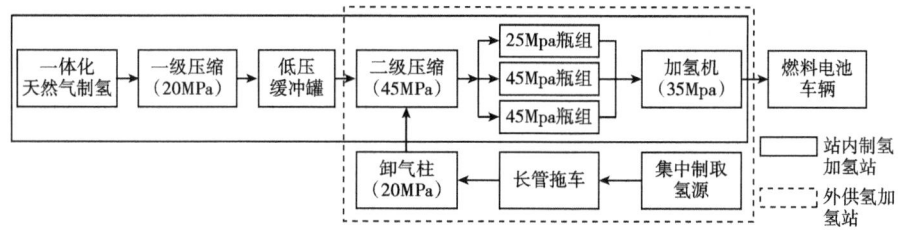

图 6-1 加氢站工作流程图

6.1 国内外加氢站发展概况

加氢站的建设已经从早期的"孤军奋战"状态转化为"联合作战",汽车制造商、大型能源公司、气体公司、电力公司、燃料电池研发单位等氢能上下游企业开始联合推动加氢站的发展。例如,在日本丰田车企与科斯莫石油公司、东京燃气公司等多家展开合作,技术共享,风险共担。在国内,很多压缩机设备制造商、燃料电池开发商也开始与车企和能源公司展开合作,利用中鼎恒盛压缩机研发单位与中石化、厚普能源开展共同合作。

6.1.1 国外加氢站发展概况

氢能和加氢站的发展已经属于全球化产业,国外的发展与各自能源情况、技术研发力量密切相关。对于汽车企业来说,加氢站的建设至关重要。没有能源站,就没办法卖车,许多国家都在加强政府支持,加快推进加氢站的建设。在2020年全球已建成加氢站553座,其中日本建成公开报道146座。

(1) 日本

日本是全球氢能发展最积极、加氢站建设数量最多的国家,其称氢能利用是解决能源短缺和全球变暖问题的"王牌":改善国内95%的化石能源依赖进口的现状。

截至 2020 年年底，日本建成运营加氢站数量达到 146 座。其发展是，首先从经济和交通领先的大城市突破，如东京、名古屋、大阪等，然后以此为核心向周边地区敷设构建全产业的加氢网络。由于加氢站的运营经济性相对较差，而且投资巨大，在日本建设一座常规加氢站的成本大约在 3000 万元，而且有用选材和标准的要求，日本的加氢站建设比欧美国家成本高将近 1000 万元。因此在早期日本政府一直采用补贴的方式促进行业的发展（见表 6-1），后来政府制定了《"氢气供给设备整备事业费辅助金"制度》以刺激企业快速建设加氢站。在 2017 年单站的补贴已经达到 2000 多万元，但是随着氢能产业发展，日本几乎逐步开始"去政府化"，减少补贴并逐步由市场决定，这样同时可以激发技术的突破。

表 6-1 日本加氢站建设补贴（日本产经省补贴）

氢供应能力（kg/h）	站点类型	补贴率	最大补贴金额（百万美元）
>27	站内供氢（公交车）	1/2	3.9
	站外供氢（公交车）	1/2	3.5
	站内供氢（其他）	1/2	2.9
	站外供氢（其他）	1/2	2.5
	移动式加氢站	2/3	2.5
4.5~27	站内供氢	1/2	2.2
	站外供氢	1/2	1.8
	移动式加氢站	2/3	1.8

资料来源：METI。

为了缩短产业发展周期，在 2018 年日本国内 11 家顶尖企业联合成立日本加氢站网络公司（Japan H_2 Mobility），致力于全方位发展氢能以及加氢站，其中便包括汽车公司丰田、本田和日产，日本最大的几家燃气公司东京燃气、东邦燃气，日本大体量的石油天然气能源公司 JXTG 能源、液化空气，以及提供资金支持的银行。通过 Japan H_2 Mobility 公司实现资源的整合发展，这种商业模式不仅能够快速实现产业的投资与建设，而且也是对新技术产业发展的探索。

为确保加氢站快速开展,其相关部门对涉及加氢站的标准规范、防火规范、消防规范、高压气体规范等进行了修订,如果按照之前的规范加氢站的推广会受到很大限制,其实很多国家都遇到过这种情况。

根据日本相关部门和地区制定的《氢/燃料电池战略路线图》和《氢能源基本战略》,日本主要制定了三个时间里程碑(如图6-2所示),以实现其氢能社会以及氢经济的建设。

第一个里程碑时间是2025年,在这之前构建完善的氢能体系市场,并在一定市场推广开,同时建成300座加氢站。

第二个里程碑时间是2030年,实现氢能的全产业、全范围的建设,实现一套成熟的供给关系和产业,同时在氢燃料发电领域实现突破,并将建成1000座加氢站。

第三个里程碑时间是2040年,这也几乎是氢能的"使命",实现整个社会零碳氢燃料供给体系。

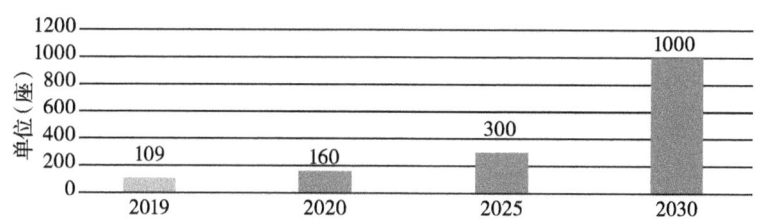

图6-2 日本加氢站建设规划

(2)美国

截至2020年,美国已投运加氢站45座。主流加氢站采用站外供氢,主要采用长管拖车运输方式。目前已投运的加氢站中,采用外供氢+拖车运输方式占比达到69%(见表6-2)。按照加氢类型分:气态氢加氢站40座,液态氢加氢站5座;按照供氢方式分:外供氢加氢站35座、内供氢加氢站6座、内外联合供氢加氢站1座。

表6-2 美国加氢站类型及占比（2019年）

加氢站类型	氢气来源	运输方式/制氢方式	数量（座）	占比（%）
气氢站（88.1）	外部	拖车	29	69
		管道	1	2.4
	内部	电解水	4	9.5
		天然气重整	2	4.8
	内部+外部	电解水+拖车	1	2.4
液氢站（11.9）	外部	拖车	5	11.9

美国的加氢站大部分位于加州地区，主要原因是加州政府对加氢站建设的政策支持，包括提升审批速度、进行资金奖励等。加州的发展模式与大多数国家不同，不是上、下游协商来促进加氢站的发展，而是先建设加氢站，布局加氢能源系统网络，采用"以站促车"的策略促进下游车企的发展，但这种模式也是存在一定的风险，那就是加氢站的维护和生存。所以，一般选择建站的地点都是之前位置相对较好的加油站旁边，或者实行一体化建设。这是因为之前的加油站选址是很有讲究的，已经综合诸多因素，所以在建加氢站的时候可直接建在加油站的旁边，而不需要再做特别的选址。加州地区加氢站的建设资金主要来自议会通过的法案，议会划拨巨款来实施加氢站建设，同时能源企业、车企也参与加氢站的建设，日本的丰田和本田公司也提供贷款支持。

美国加州的加氢站分为零售加氢站和重型加氢站，不同的车辆类型需在不同类型的加氢站加氢，乘用车则使用指定的零售加氢站；耗氢量高的交通工具如公交车和卡车使用的加氢站为重型加氢站。

美国国家层面暂未披露有关未来加氢站建设规划的相关文件，而氢能产业发展最好的加州地区发布过相关文件《加州燃料电池革命》，其发展目标也是具有一定规模，计划在2030年之前在加州实现1000座加氢站的建设，具体如表6-3、图6-3所示。

表6-3 美国加州加氢站建设规划

时间	目标	法案/提案依据
2020年	100座加氢站	《Bill 8法案》
2025年	200座加氢站（2030年在加州实现500万零排放汽车的目标）	《2018加州ZEV基础设施提案》
2030年	1000座加氢站，并将为100万辆的燃料电池汽车提供服务	《CAFCP 2030愿景》

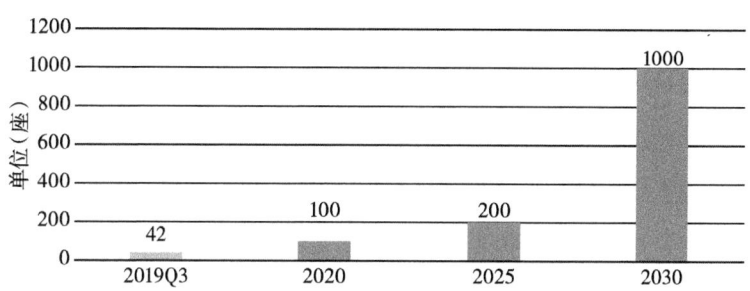

图6-3 2020—2030年美国加州加氢站建设规划

（3）德国

截至2020年年底，德国实现了近100座加氢站的运营，是欧洲氢能的主战场，其建设地点主要集中在慕尼黑、柏林等大城市，现在的月用氢量在2019年就已经实现了10.1吨以上规模。根据H_2 Mobility发布的战略路线图，在德国主要的城市首先建立起加氢站网络布局，然后敷设到高速公路上，进而建立"氢气走廊"，确保每90公里至少有一座加氢站。初步计划在2023年前完成400座加氢站的建设，按照目前的势头，似乎有点困难。

6.1.2 国内加氢站发展概况

我国国内方面，为了推动燃料电池汽车的发展，推进新能源环保的绿色交通产业，中国对加氢站的研发和布局始于2003年。当时科学技术部启动"燃料电池汽车高压氢气加气站及供氢技术研发"863研发项目，有针对性地重点开展加氢站的建设。2006年，在北京建设成国内第一座站内制氢加氢站，作为2008年北京奥运会示范的氢能源车辆供给站，突出"科技奥运、绿色奥运"的奥运理念。

国家和地方也一直出台多个补贴政策和方案，快速推动氢燃料电池及加氢站的发展。例如，2014 年发布的《关于新能源汽车充电设施建设奖励的通知》是第一批具有大额度补贴的政策，对于符合国家标准要求和建设体系的加氢站，如果日加注量能够实现 200 kg 以上将会给予最高 400 万元的补贴，相当于两台进口氢气压缩机的价格。

2021 年上半年是我国加氢站快速发展的半年，新增了 22 座加氢站，截至 6 月共建成 150 座（其中有 9 座已经拆除）。目前加氢站投用比例约为 70%，50 座在建，此外还有 104 座在规划建设中。2006—2015 年，国内加氢站建设进展十分缓慢，10 年仅建成 6 座，2008—2009 年、2012—2014 年两个时间段基本上处于停滞的状态，主要由于当时国内氢燃料电池汽车仅仅处于试验阶段，主要为大型运动会服务或者科研机构、企业研究单位自用。

2016 年至今，加氢站建设提速并从 2018 年开始进入密集投产期，2019 年前 10 个月建成数量等于 2018 年全年数量（30 座），主要是因为经过前期十几年的研发投入，氢能产业链得到一定发展。比如，氢燃料电池商用车逐渐开始示范运营推广，氢气储运、压缩、加注等设备部分国产化，同时经济发达地区政府对于氢能的前瞻性布局以及政策扶持共同掀起了国内加氢站建设热潮，具体如图 6-4 所示。

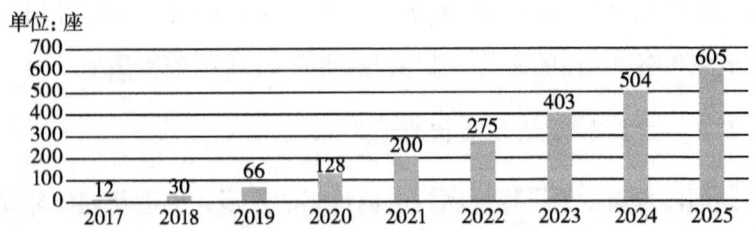

图 6-4　我国建成加氢站及预测（2017—2025 年）

从区域分布上看，我国加氢站主要集中在东部沿海等燃料电池汽车产业发展较为领先的省市，如广东、江苏、上海。目前补贴力度较大的城市也正是我国氢能发展最快速的环渤海、长三角和珠三角地区，华中和川渝地区次之。这些城市基础设施较为完备，相关制氢配套产业齐全且经济实力较好，更加适合氢能产业发展，未来将是加氢站建设的重点区域。

从省市建设分布看，广东省的加氢站数量和政策遥遥领先，政府的强力推广也让更多的氢能企业拔地而起，成为推动氢能事业的领头羊。同时，山东、上海、北京也一直积极地投入产业研究和加氢站建设，成为绝对的主力军。截至2021年6月，广东建成的加氢站数量最多，累计达到35座，山东以19座位居第二，江苏以16座位居第三，上海紧随其后，建成11座。值得一提的是，2021年上半年贵州、辽宁实现零的突破，均建成了1座加氢站。至此全国共有23个省市实现了加氢基础设施的建设。

截至2019年10月，全国7大行政区域内均有已建成加氢站，分布在15个省/自治区/直辖市。从加氢站的建成、在建、拟建及规划情况综合分析，基本形成了以华东、华南为代表的先进地区，华北、西南、华中为代表的跟进地区，西北、东北为代表的后进地区。因终端应用加氢站的建设与氢能产业链的配套密切相关，特别是最关键的氢燃料电池，因起步较晚，氢燃料电池一直是国内难以攻克的技术难点，特别是在氢燃料电池成本方面，因此只有经济发达地区才具备大力扶持相关产业发展的财政承受能力。

（1）华东地区

截至2019年10月，华东地区加氢站建成18座，在建13座，拟建16座，规划228座，整体来看，发展速度与华南同处于第一梯队。该地区已建成加氢站的省市中上海、江苏居于领跑地位，浙江、山东正加速追赶，安徽处于试验探索阶段，而福建、江西尚无动作，具体如表6-4所示。

在加氢站建设规划方面，华东地区是全国出台省级规划数量最多的地区，包括上海市规划2020年建成5~10座，由于上海规划发布较早，规划数量偏保守，超额完成；江苏规划2020年、2025年和2030年分别建成26座、50座和100座，预计完成规划有一定难度；浙江规划2022年建成30座，预计完成规划难度较大；山东规划2020年建成10座，预计完成规划可能性较大。另外,浙江和江苏也发布了市/县级规划,因此有了省、市两级规划的保障,加氢站的审批、建设等得到的支持就更多,遇到的阻力就更少。

表6-4 华东地区各省/直辖市加氢站建成、在建、拟建及规划情况

区域	省	市/县	现状(截至2019年10月)			规划(累计建成数量)					备注
			建成	在建	拟建	2020年	2021年	2022年	2025年	2030年	
华东	上海	合计	7(1座已拆除)	3	13	5~10			50		直辖市规划
	江苏	合计	5	5	2	26			50	100	省规划
		苏州	2	3	2			2~3	5~8		市规划
		苏州—常熟	1	1	1	10			40		市规划
		苏州—张家港	1	2	1	3~5					县规划
		南通	2	0	0	尚无					
		南通—如皋	2	0	0	3~5					县规划
		盐城	1	1	0	尚无					
		扬州	0	1	0	尚无					
	浙江	合计	2	1	0			30			省规划
		嘉兴	2	0	0			8	20	40	市规划
		嘉兴—嘉善	2	0	0			3~5			县规划
		台州	0	1	0	尚无					
		宁波	0	0	0			10~15	20~25		市规划
		湖州	0	0	0			2~3			省规划
	安徽	合计	1	1	0	尚无					
		六安	1	0	0	尚无					
		合肥	0	1	0	尚无					
	福建	合计	0	0	0						
	江西	合计	0	0	1	尚无					
		上饶	0	0	1	尚无					
	山东	合计	3	3	0	10					省规划
		聊城	1	0	0	尚无					
		潍坊	1	0	0	尚无					
		德州	1	0	0	尚无					

(2) 华北地区

华中地区加氢站建成 4 座,在建 7 座,拟建 9 座,规划 133 座。整体来看,该地区加氢站的发展处于国内中游水平,但是未来潜力较大。在已建成加氢站的省市中,北京和张家口将借助冬奥会的契机大力推进氢燃料电池汽车的应用与配套加氢站的建设;山西急于寻求能源转型,发展氢能特别是制氢产业具备资源优势;天津作为京津冀协同发展的双中心之一,凭借雄厚的财政实力也具有推广氢能的实力和底气,因此,这 4 地加氢站发展潜力较大。内蒙古作为天然气资源大省,大力推广氢燃料商用车的可能性不大,加氢站建设规模推进可能性低,具体如表 6-5 所示。

在加氢站规划方面,华北地区出台的省级规划数量仅次于华东地区,包括天津市规划 2022 年建成 10 座,河北规划 2022 年、2025 年和 2030 年分别建成 20 座、50 座、100 座,山西省 2020 年、2022 年、2025 年分别建成 3 座、13 座和 23 座。

表 6-5 华北地区各省/自治区/直辖市加氢站建成、在建、拟建及规划情况

区域	省	市/县	现状（截至 2019 年 10 月）			规划（累计建成数量）				备注
			建成	在建	拟建	2020 年	2022 年	2025 年	2030 年	
华北	北京	合计	1	2	1	尚无				
		海淀区	1	0	0	尚无				
		房山区	0	1	0	尚无				
		延庆区	0	0	1	尚无				
		昌平区	0	1	0	尚无				
	天津	合计	0	0	0		10			直辖市规划
	河北	合计	1	5	0		20	50	100	省规划
		张家口	1	5	0	尚无				
	山西	合计	1	0	1	3	13	23		省规划
		大同	1	0	0	尚无				
	内蒙古	合计	1	0	7	尚无				
		乌海	1	0	7	尚无				

(3) 华中地区

华中地区加氢站建成6座，在建4座，规划42~112座，发展速度居于国内中游水平。该地区已建成加氢站的省份中，河南与湖北由于氢能产业链配套比较成熟，特别是湖北同时具备燃料电池企业、整车企业、氢气制备企业，因此发展潜力较大；湖南的氢能推广则尚无实质性进展。

在加氢站规划方面，华中地区尚无省级政策涉及加氢站规划建设数量，仅有湖南省株洲市规划2025年建成12座，武汉规划2020年建成5~20座，2025年以后建成30~100座，预计武汉完成最低目标可能性较大，具体如表6-6所示。

表6-6 华中地区各省加氢站建成、在建、拟建及规划情况

区域	省	市/县	现状（截至2019年10月）			规划（累计建成数量）		备注
			建成	在建	拟建	2020年	2025年	
华中	河南	合计	1	1	0	尚无		
		郑州	1	0	0	尚无		
		新乡	0	1	0	尚无		
	湖南	合计	0	0	0	尚无		
		株洲	0	0	0		12	市规划
	湖北	合计	5	3	0	尚无		
		武汉	3	3	0	5~20	30~100	市规划
		十堰	1	0	0	尚无		
		襄阳	1	0	0	尚无		

(4) 华南地区

华南地区加氢站建成14座（已拆除2座），在建15座，拟建3座，规划65~67座，整体来看，发展速度与华东地区同属国内一流水平，具体如表6-7所示。该地区加氢站的建设及规划基本集中在广东省，其中又以佛山发展最为迅速，其次为广州、云浮、中山，这得力于广东的地方政府在政策支持和财政补贴方面对氢能发展进行大力支持，使得该地区已经初步

形成较为完善的氢能产业链，形成了具有良性竞争的技术氛围和科学的氢能市场。

在加氢站的推广和规划方向，广东省遥遥领先，其在省级层面和地方政府均有一套科学的政策建设，佛山市规划加氢站数量之和基本与省规划相等（2020年市级42~44座，省级40座）。同时，佛山市以及下属南海区又各自制订了更加详细、明确的发展规划，虽然距离完成规划数量尚有难度，但是佛山、云浮等城市通过近两年在加氢站审批、建设、投运方面不断提速的方式来争取完成政府规划。

表6-7 华南地区各省/自治区加氢站建成、在建、拟建及规划情况

区域	省	市/县	现状（截至2019年10月）			规划（累计建成数量）					备注
			建成	在建	拟建	2019年	2020年	2022年	2025年	2030年	
华南	广东	合计	13	15	4		50				省规划
		佛山市	6	8	2	28	28		43	57	市规划
		佛山南海	2	2	2		16	22			
		佛山—禅城	2	1	0	尚无					
		佛山—三水	1	2	0	尚无					
		佛山—顺德	1	1	0	尚无					
		佛山—高明	1	1	0	尚无					
		广州	3（1座已拆除）	1	2	尚无					
		中山市	1	0	0	3~5					
		云浮	2	5	0	5					
		深圳	1（已拆除）	1	0	尚无					
	广西	合计	0	0	0	尚无					
	海南	合计	0	0	0	尚无					

（5）西南地区

西南地区加氢站建成1座，在建2座，拟建4座，规划50座，整体来看，发展速度居于国内中下游水平。该地区仅四川成都市郫都区就建成1座

日加氢能力400kg的撬装站,该站首批配套10台蜀都客车FC90燃料电池客车进行固定公交线路运营。为推进氢燃料电池客车的应用,成都市在建1座固定式加氢站,南充在建的1座撬装站为吉利汽车用于产品研发测试。

在加氢站规划方面,西南地区尚无省级政策涉及加氢站规划建设数量,地方政府中成都市规划2022年建成30座,成都市郫都区规划2035年建成10座,六盘水市规划2030年建成20座,具体如表6-8所示。

表6-8 西南地区各省/自治区/直辖市加氢站建成、在建、拟建及规划情况

区域	省	市/县	现状（截至2019年10月）			规划（累计建成数量）			备注
			建成	在建	拟建	2022年	2030年	2035年	
西南	四川	合计	1	2	1	尚无			
		成都	1	1	1	30			市规划
		成都—郫都区	1	1	0			10	区规划
		成都龙泉驿区	0	0	1	尚无			
		南充	0	1	0	尚无			
	重庆	合计	0	0	3	尚无			
		北碚区	0	0	1	尚无			
		两江新区	0	0	1	尚无			
		南岸区	0	0	1	尚无			
	云南	合计	0	0	0	尚无			
	贵州	合计	0	0	0	尚无			
		六盘水	0	0	0		20		市规划
	西藏	合计	0	0	0	尚无			

（6）东北地区

东北地区加氢站建成3座,在建1座,拟建0座,尚无规划建设数量,整体来看,发展速度居于国内中下游水平。该地区所建加氢站基本用于试验研究,测试氢燃料电池汽车在高寒地区的性能。同时,东北地区财政承受能力不及力推氢能的沿海地区,因此东北地区加氢站的规划更适合企业用于试验研究,不具备大规模推广的可能,而且也缺少相关的政策规划,

具体如表6-9所示。

表6-9 东北地区各省加氢站建成、在建、拟建及规划情况

区域	省	市/县	现状（截至2019年10月）			规划
			建成	在建	拟建	
东北	黑龙江	合计	0	0	0	尚无
	吉林	合计	0	1	0	尚无
		长春	0	1	0	尚无
	辽宁	合计	3	0	0	尚无
		大连	1	0	0	尚无
		葫芦岛—兴城	1	0	0	尚无
		抚顺—新宾	1	0	0	尚无

（7）西北地区

西北地区目前在加氢站方面的建设相对落后，尚无规划建设数量，目前加氢站建成1座，在建、拟建数量为0，整体来看，发展速度处于国内落后水平。该地区具有丰富的可再生能源，如风能、太阳能，但是考虑到基础经济的建设，关于加氢站建设的一些规划尚未落地。截至目前只有新疆乌鲁木齐市在2019年投运的1座日加氢能力500kg的撬装站，该站规模相对较小，是新疆科研项目《严酷环境下氢能基础设施及燃料电池汽车示范运行研究》内容之一，是为新疆弃风弃电提供新的解决方案和出路，并且配套2台上汽FCV80燃料电池轻客进行试验研究。

在加氢站规划方面，西北5省/自治区均未发布涉及加氢站建设数量的政策，具体如表6-10所示。

表6-10 西北地区各省加氢站建成、在建、拟建及规划情况

区域	省	市/县	现状（截至2019年10月）			规划
			建成	在建	拟建	
西北	新疆	合计	1	0	0	尚无
		乌鲁木齐	1	0	0	尚无
	陕西	合计	0	0	0	尚无
	甘肃	合计	0	0	0	尚无

续表

区域	省	市/县	现状（截至2019年10月）			规划
			建成	在建	拟建	
	宁夏	合计	0	0	0	尚无
	西藏	合计	0	0	0	尚无

6.2 加氢站形式

加氢站的分类有多形式，主要的分类方法如下。

（1）按照氢气储存状态分类：高压气态加氢站（高压气态存储）和液氢加氢站（液氢存储）。

（2）按照存储方式分类：固定式加氢站、撬装加氢站（可带移动式功能）。

（3）按照氢气来源分类：站内制氢加氢站和站外车供氢气。

（4）按照加注站级分类：目前主要是低压 30 MPa 和高压 70 MPa 两个级别。

（5）按照加注方式分类：单级氢气加注加氢站和多级氢气加注加氢站。

（6）按照站内制氢方式分类：天然气制氢加氢一体站、电解水制氢加氢一体站、甲醇制氢加氢一体站等。

目前，在国内建设的均为高压气态加氢站，以固定式和撬装式为主，因为制氢装置受到规范和政策限制，目前制氢加氢一体站建设缓慢。

6.2.1 站外制氢加氢站

站外制氢加氢站，顾名思义，是加氢站内没有氢气来源，需要通过外部供氢实现站内供应。气态氢气主要是从氢能工厂或者炼厂副产氢气获得，带有一定的压力，然后在加氢站内再次增加实现加注；而液态氢气可采用槽车的形式运输，实现远距离输送，到了站内经过增压、汽化，然后加注。

(1) 高压气体加氢站

首先从外部请购氢气到加氢站后通过卸气柱进入站内氢气压缩机,然后增压输送至站内的氢气储罐或者储氢瓶组。目前一般站内会设置不同压力等级的氢气储罐,如低压、高压、中压,设置顺序控制系统实现科学取气。其重要目的是减少压缩机的启动频次,站内有一定的氢气缓冲时间,提高站内氢气利用率。

(2) 液氢加氢站

液氢加氢站相比气态加氢站的最大区别是需要液态氢气供料,但是氢能源汽车只能接收气相,因此需要增加氢气的气化装置以及一定量的低温液态存储设施。液氢槽车到加氢站之后存放至增加的液氢储罐,液氢通过气化器进行气化得到高压氢气,后续流程与气相加氢站类似。

美国桑迪亚国家实验室参与了第一代加氢站设计,使其与传统加油站一样安全。目前桑迪亚与美国最大的氢气零售商 FirstElement Fuel 达成新的合作研发协议,以建设更多尖端的液氢站。

目前加氢站只有一个泵和一个软管,如果将来燃料电池车产业推向市场,燃料需求只会增加,因此加氢站的建设规模必将增大以满足要求。但是,液氢站的建设困难重重,首当其冲的就是国家消防和安全规范,这是在每个国家都需要面对的一个问题,因此这对长期未调整的防火规范等提出新要求。美国之所以会对十几年未修改的消防等规范进行调整主要是软件模拟技术的提升,对量化各种系统设计中氢气泄漏的影响,以及布置用于检测和防止泄漏影响的安全措施。

然而,液态氢具有其独特的益处和挑战。一方面,液态氢可以在比气体低得多的压力下储存,降低了泄漏的风险;另一方面,液态氢也是低温的,这意味着它必须保持非常低的温度(大致为 -423 华氏度)。释放后,液态氢可以冻结周围的空气,这对计算空气中的氢浓度提出了挑战。气体或液体状态的氢和氧的量是相互依赖的,因为液化得越多,温度越高,反之亦然。

(3) 管道输送供氢加氢站

与现在的天然气加气站类似，氢气也可以通过管道输送到用户终端的加氢站，但是实际运行的项目很少，这主要受限于氢气管道的建设成本，以及尚未成熟的加氢网络系统。

6.2.2 站内制氢加氢站

站内制氢加氢站是在加氢站内建造了小型的制氢系统，能够通过电解水的方式实现制取少量氢气，之后自主进行纯化、压缩和储存。除了电解水的方式外，有的加氢站内会通过天然气重整、甲醇重整、太阳能或风能的方式进行制氢。加氢站内自主制氢的方式避免了运输环节，降低了运输过程中的损耗，但是在建设加氢站时非常复杂，需要耗费巨大的成本。

(1) 电解水制氢加氢站

电解水制氢的原料主要是水，通过电制取得到氢气，同时可以副产氧气。其流程中最重要的是电解装置，氢气和氧气分别从阴极和阳极产生，氢气制取后需要进行脱水、脱氧提纯流程。这一步是为了制备得到的氢气能够满足氢燃料电池对氢气的需求，将得到的氢气通过一个低压氢气压缩机实现将氢气增压存储到站内低压储罐，然后再经过氢气压缩机和相应的储罐，实现加注，其流程与常规站一样。

电解水制氢的优点：装置流程简单而且产品纯度杂质少，是目前加氢站的主流制氢方式，满足了燃料电池对氢气纯度（>99.9%）的要求；技术较为成熟，可设计为撬块，利用太阳能、风能等发电。如北京亿华通利用张家口风电资源建设电解水制氢厂，为其在张家口计划建设多个加氢站铺平道路。

缺点：电解水制氢注入氢能源汽车作为燃料的模式为电能—化学能—电能，虽然和电动车一样避开了内燃机驱动的卡诺循环，但相对于纯电动车直接充电驱动，具有能量效率上的先天劣势，如果锂电池突破目前的能量密度和充电时间瓶颈,将失去其相对优势。目前来看,利用清洁能源发电或者在风能、太阳能过剩地区建设制氢厂相对适宜,但这些地方往往是较偏远、对氢能源需求不太敏感的地区(如燕山北麓的张家口、新疆等)。

(2)天然气重整制氢

天然气制氢技术在大型化工装置上应用得较为成功,但考虑到加氢站对氢气的需求量较低,因此设计成小型撬块布置是趋势,目前中海油等公司已经自主研发出撬装制氢设施。如天然气制氢装置连续生产氢气储存于高压瓶中时,当储存系统已经饱和而暂时又没有车辆加注氢气,那么该装置就需要停车。我们知道,天然气制氢装置频繁开停车的难度和损耗远远大于电解水制氢。因此,目前由于下游加氢车辆相对较少,天然气制氢在很多地区还是很难推广。

(3)工业副产制氢

工业副产制氢规模较大而且属于增值的高效利用,如氯碱工业、钢铁厂、炼油化工厂、脱氢之丙烷装置等都可以得到纯度较高的氢气。

其缺点是较为分散,需要高压集束氢气瓶拖车运输至各加氢站,并且还可能需要纯化。

6.2.3 加油加氢合建站

加油加氢合建站就是在原有的加油站和加气站基础上增加加氢功能的混合能源供给站点。由于增加加氢装置对整个占地面积要求不是很高,因此也提高了改造的可行性。

2017年,广东省佛山市试点开展加油站改扩建加油加氢合建站,开辟了加氢站发展的新思路,也为后期加油加氢合建站等多种类型合建站规范的编制提供了实际运营依据。发展氢燃料电池汽车首要解决的是加氢站的问题。在推动加氢站建设方面,在中石化、中海油、中石油等能源终端企业加入该行业中后,利用已有的加油站促进了加氢站的快速发展。目前有业内人士认为，国内现有的加油站几乎都可以改建为加氢站，只要把中石化、中石油、中海油的力量调度起来，再加上国电投、电力公司以及各大车企，那么中国在加氢站方面将很快领先于世界。

6.3 加氢站等级

加氢站安全等级是由储氢罐容器储量决定的，通常情况下此储氢量是高压储氢容量和一个长管拖车容量之和。如果是合建站，还要考虑到柴油和汽油的存储量。

加氢站等级划分主要参考《加氢站技术规范》（GB50516—2010），以往总储氢量1000kg以内的为三级加氢站，原技术规范规定，城市区内建成加氢站需为三级加氢站，即储氢罐总容量不得超过1000kg。在2021年局部修订的修改意见稿中，对加氢站的等级划分做了更新。但是针对燃料电池车快速发展趋势，用氢量急剧增加，高峰时段氢气加注需求提高的前提下，对加氢站储罐的容量需求也相应提高。本次规范依然将加氢站分为三个等级，但划分标准从实际需求和安全角度出发，不同等级的储罐总容量有所提高，三级加氢站储罐总容量从1000kg以下提高至3000kg以下，而且要求改为城区内不得建设一级加氢站，也就是说，城区内允许建设加氢站的规模较之前有所提高。表6-11、表6-12中为2021版标准中加氢站和油氢合建站的划分标准。

表6-11 加氢站等级划分

站等级	储氢容器容量（kg）	
	总容量 G	单罐容量
一级	$5000 \leq G \leq 8000$	≤ 2000
二级	$3000 < G < 5000$	≤ 1500
三级	$G \leq 3000$	≤ 800

表 6-12 油氢合建站等级划分

等级	储氢容器容量（kg）		油品储罐（m³）	
	总容量 G	单罐容量	总容积	单罐容积
一级	3000≤G≤5000	≤2000	90≤V≤150	≤50
二级	2000<G<3000	≤2000	60<V≤90	汽油罐≤30，柴油罐≤50
三级	G≤2000	≤500	V≤60	V≤30

6.4 加氢站工艺设备

6.4.1 工艺系统介绍

加氢站实际流程相对较短，主要设备包括负责卸气的卸气柱、氢气增压的压缩机、氢气存储的储氢瓶组或者氢气罐，以及氢气加注的加氢机。其中，卸气柱是将管束车中的氢气接到加氢站内，导流氢气进入到压缩机（有的压缩机同时进入到站内低压氢气储罐），压缩机将氢气增压成高压以满足车辆加氢要求，储存进储氢瓶组存储，当需要时候，氢气经加氢机加到氢能汽车的车载储罐中。

对于常规的高压气态加氢站核心设备主要有氢气压缩机、高压氢气储罐和氢气加氢机。主要技术难点集中在关键设备和系统集成上，压缩机性能、储氢瓶组压力、氢气加氢机智能化，高度集成化、撬块化。

6.4.2 加注压力和加注能力选择

（1）加注压力选择

现阶段以 35MPa 为主，未来向同时具有 35/70MPa 过渡。加氢站加注压力分为 35MPa 和 70MPa 两个等级，截至 2019 年 10 月底，我国已建成的 47 座加氢站中只有 40 座具备 35MPa 加注能力；3 座同时具备 35MPa、70MPa 加注能力；3 座当前加注能力为 35MPa，预留 70MPa 加注能力；1 座具备 70MPa 加注能力。由于站用高压储氢罐、车载储氢系统等尚不成熟且设备昂贵,因此现阶段国内35MPa加氢站为主流,具备70MPa的加氢站中3座为企业自用站用于产品测试与研究,仅上海化工区加氢站用于商业运营,其余则为二期预留70MPa加注能力空间,实际并未配套70MPa设备,如图6-5所示。

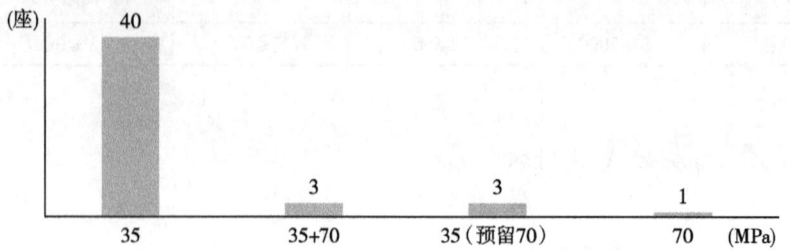

图6-5　截至2019年10月全国建成加氢站加注压力统计

(2) 加注能力选择

日加注能力300~500kg为现阶段主流选择,未来固定加氢站以大于500kg/d为主,撬装站仍以300~500kg/d为主。固定式加氢站的建设受制于前期氢燃料电池汽车加氢需求有限等,加氢站的日加注能力普遍低于500kg,未来随着加氢需求的不断增加,在建以及规划建设的固定站加氢能力普遍在1000kg/d。撬装式加氢站一般不配套建设储氢罐,同时加注量为0.3~0.7kg/min仅为固定式加氢站的1/5,因此,撬装站适合需要快速建站和有批量、中等规模化加氢需求的客户(如图6-6所示)。

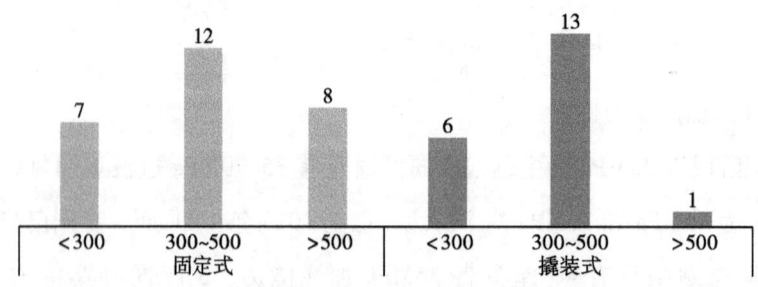

图6-6　截至2019年10月全国已建成加氢站加注能力统计

6.4.3 加氢站设备选型

加氢站的核心设备包括氢气压缩机、高压储氢罐、氢气加氢机、站控系统、卸气柱等。

（1）氢气增压设备

根据目前国内氢气高压加氢站，通常情况其工艺流程可以简要概括为：原料氢气加压→高压氢储罐→加注（如图6-7所示）。

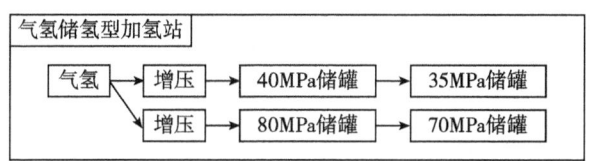

图6-7 高压气态加氢站简易工艺流程图

其中，氢气压缩机是整个加氢站最重要、投资最多的设备。加氢站的加注等级由氢气压缩机的出口压力等级决定。目前，国内外加氢站内的增压设备大致可分为三种：离子液压缩机、隔膜式压缩机、气（液）驱增压泵。

①离子液压缩机。

离子液压缩机是2014年由林德公司和戴姆勒公司合作开发的一种新型气体压缩机，它使用了一种新型的化学物质——离子液体，并将其成为离子压缩机"Ionic Compressor"。

离子液体具有液体难压缩的性质，而且几乎没有蒸气压，因此可以代替活塞成为一种推动压缩的介质，且不会出现劳损磨坏的现象，大大降低了泄漏氢气的风险，节省一定能耗。相比于常规的压缩机，离子液压缩机的零部件非常少，结构也相对简单。

②隔膜式压缩机。

隔膜式压缩机是一种利用特殊材质膜片结构的往复式压缩机，属于容积式压缩机的一种。该压缩机的气缸位置不需要润滑油，氢气和油不会直接接触，避免了氢气中漏油的危险发生，适用于压缩高纯度的氢气，特别是有特殊要求的介质。从压力角度分析,该压缩机可以实现100 MPa以上的压力要求,但是其处理规模有一定的限制,考虑到加氢站氢气需求规模较低,因此目前在1000 Nm³/h 规模的氢气压缩机可以完全满足加氢站要求。

隔膜式压缩机的气缸散热良好,由于其设计要求高,对于起步较晚的国内压缩机行业相对落后,目前性能较好的压缩机依然需要进口。

③气(液)驱增压泵。

气驱增压泵,顾名思义是增压气体的增压泵。其原理其实很简单:充分利用活塞面积实现气体的增压问题,例如大活塞的面积是小活塞面积的3倍,那么压力会相应地增加3倍左右。

目前常用的加氢站压缩机主要就隔膜式压缩机和液(气)驱动增压泵,其优缺点对比见表6-13。

表6-13 隔膜式压缩机和液(气)驱动增压泵对比

对比参数	隔膜压缩机	液(气)驱动增压泵
产品维护	1500h更换油滤芯	维护频繁,几百小时
维护时间	大保养2~4h	大保养需要90h
密封效果	100%洁净压缩无油无尘	活塞环容易磨损导致污染
散热效果	机头大、散热好、冷却系统结构简单,可用风冷	功耗高、热量大,需水冷
压缩能力	排气压力45MPa,采用一级压缩,排气压力87.5MPa的加氢站采用二级压缩	45MPa加氢站需要2级,对于87.5MPa加氢站需要3级
止回阀寿命	8000~10000h	2500h
噪声	1m处79分贝	1m处95分贝
流量	仅需一个设备就可达到2500Nm³/h	根据压缩比不同,在特定的流量需要多级串联满足大流量要求
能耗	同排量下是隔压泵一半	同排量下是隔膜压缩机一倍
氢气损耗	0	10%压缩气量
应用案例	广泛应用于加氢站	加氢站目前较少
成本	较高	较低

(2）高压储氢容器

国内加氢站普遍采用存储压力为 45MPa 的高压储氢罐或 45MPa 管束式储氢瓶组。其中高压储氢罐的供应商包括开原维科和巨化装备，管束式储氢瓶组的供应商为石家庄安瑞科，安瑞科同时也是国内氢气长管拖车的重要供应商。

据不完全统计，国内已建成加氢站中未配备储氢容器的加氢站 14 座，这些加氢站通过将拖车中的低压氢气加压直接通过加氢机向燃料电池汽车加注。安装开原维科公司 45MPa 高压储氢罐的加氢站达到 9 座，5 座采用卧式储氢罐（单罐容 5 m^3），4 座采用立式储氢罐（单罐容 7.5 m^3），另外 2 座具备 70MPa 加注能力的常熟丰田加氢站和上海驿蓝舜工加氢站安装了巨化装备的 98MPa 高压储氢罐（单罐容 1m^3），安装安瑞科公司 45MPa 管束式储氢瓶组的加氢站达到 13 座。

（3）加氢机

国内加氢站采用的加氢机基本为 35MPa 压力级别的，主要供应商包括舜华新能源、国富氢能、海德利森、厚普股份、美国空气化工、美国 Genesys 等。由于国内 35MPa 加氢机技术比较成熟且价格较进口便宜，因此本土品牌市场份额已超过 90%。

6.5 加氢站建设费用分析

目前，国内已建加氢站中加氢能力大部分为 500kg/d 和 1000kg/d 的固定式加氢站。

从总费用来看，伴随着加氢站设备国产化率的提升，加氢站设备成本正不断下降，三年降幅超过 50%。2017 年，500kg 级别的加氢站不含土地费用建设成本为 2000 万元左右，2020 年已经下降至 700 万～1000 万元；而 1000kg 级别的加氢站也从 2018 年的 2000 万元左右下降至 1300 万～1500 万元。不过，不含土地费用下加油站建站成本为 500 万元，仅为加氢站的1/3~1/2。

加氢站建站费用主要分为三部分：设备、安装和土建，其中设备成本占比超过65%，安装和土建费用约占35%。加氢站核心设备中，500kg/d加氢站压缩机费用约250万元，占比约30%，储氢罐、储氢瓶等已逐步实现国产替代，占比约11%。目前国内加氢机多以集成为主，主要零部件依赖进口，和制冷系统合共占比约20%。未来加氢站的建站成本主要在于设备的下降空间。

不过，加氢站建设无法忽略的一个因素是土地成本，商业土地价格高昂且审批流程烦琐、时间周期长是阻碍加氢站投资的主要原因。

6.6 加氢站运营成本分析

不考虑补贴和土地的情况下，加氢站投资回收期一般为8~20年，土地以地区周边拍卖价或租金为参考。这里选取了江苏、上海和广东佛山地区运营效率较高的不同加注能力的四个加氢站作为测算依据，设备折旧年限20年计算，维修成本按总投资的1%，其他费用按投资的0.5%，电价统一以4.07元/kg，水费以0.1元/kg计算。其中，张家港港城加氢站地价原是1000万元/亩，政府特批为200万元/亩土地购入，体现了当地在加氢站上的政策支持力度，但这种属于个别现象，各加氢站运营成本测算参考及假设如表6-14。

表6-14 加氢站运营成本测算参考及假设（不含补贴）

加氢站	加注能力（kg/d）	投资（万元）	占地（m²）	建站补贴（万元）	人员（个）	人工（万元/人）
佛山瑞晖加氢站	350	1550	4900	250	8	7
张家港港城加氢站	1000	1650	3251	500	8	6
上海驿蓝金山加氢站	1920	5500	8000	200	12	7
佛山樟坑油氢合建站	500	1500	6666	500	10	7

续 表

加氢站	采购价（元/kg）	含补贴售价（元/kg）	利用率	年加注量（kg）
佛山瑞晖加氢站	38	60	50%	63875
张家港港城加氢站	40	60	40%	146000
上海驿蓝金山加氢站	35	60	40%	280320
佛山樟坑油氢合建站	40	68	100%	182500

若不考虑土地成本，目前一座加氢站每年的运营费用为200万元左右，加氢站每公斤毛利为15~20元，只要保证15元左右的毛利和一定的运营效率，高压储氢站1天加氢量超过500kg基本可以覆盖运营成本。但若加注能力低于500kg，则容易出现一定的亏损。若计入土地成本，500kg以下的加氢站仅凭加氢站销售收入，无法覆盖高昂的商业土地费用。因此在氢气需求尚无规模化之前，合建站是加氢站发展的趋势，可以借助综合供能站的形式，通过加油或者充电的盈利收入，摊销部分土地成本，如表6-15所示。

表 6-15 加氢站运营成本测算（不含补贴） （单位：万元）

加氢站	加注能力（kg/d）	运营成本	土地租金/摊销	加入土地后总成本
佛山瑞晖加氢站	350	168	30	198
张家港港城加氢站	1000	185	49	234
上海驿蓝金山加氢站	1920	412	200	612
佛山樟坑油氢合建站	500	212	400	612

加氢站	加注能力（kg/d）	采购费用	销售收入	毛利润	计入土地费用后利润
佛山瑞晖加氢站	350	243	383	-27	-57
张家港港城加氢站	1000	584	876	107	58
上海驿蓝金山加氢站	1920	981	1682	289	89
佛山樟坑油氢合建站	500	723	1241	306	-94

氢气作为车用燃料和柴油相比，根据不同的车型以及不同时期的价

格，氢气售价在 30~40 元/kg 时和柴油经济性相等，价格越低越具有经济性，利于车用氢气的推广应用。从目前加氢站单位运营成本来看，不计入土地成本，加氢站的氢气成本（采购成本+运营成本）可达 50~65 元/kg，如果当地有地方补贴，比如佛山和张家港地区均有 20 元/kg 的地方补贴，加氢站的氢气售价可以降低到 30~45 元/kg，刚好处于车用氢气和柴油对比经济性的平衡区间。

对于加氢站来讲，一是优化供应链降低氢气的采购成本，二是降低运营成本，从而降低氢的加注成本，保证用氢的经济性，才能保障加氢站达到合理的运营负荷。而目前对于有限的氢源的选择，短期采购成本下降空间有限。要想降低运营成本，首先是提高加氢站的运营效率，提升日加注量，从而降低其运营成本；其次是建设综合能源供应站，利用加油站、加气站等传统能源网络改建油氢合建站，以油养氢从而降低运营成本。

目前一个加氢站的建设成本在 1500 万元左右，机械安装调试费、土建施工费占成本的一半以上，建设成本、运营成本高、回收周期长制约了加氢站投资建设，因此降低加氢站的成本、开拓市场势在必行。随着加氢站呈爆发式增长，在市场和产业稳定之后势必出现规模效应，加氢站的建设成本将会有所下降。

以一座日加氢量 200 kg 的外供氢加氢站为例，由于土地成本每个地区差异较大，因此以下的计算不考虑土地成本，建一座加氢站成本约为 513 万元。

至于运营成本，加氢站常备 4 个人，年薪 8 万元，一年人力成本 32 万元；按每度电 0.8 元算，一年使用 44 万度电，一年电费 35 万；设备维护大约一年 10 万元。原料成本按 15 元/kg 的高纯氢算，日加氢 200 kg，年加氢 73 吨；运输成本按 200 kg 氢气的管束车一车次费用为 1500 元，一年 365 天，一年就是 55 万，具体如表 6-16 所示。

表 6-16 加氢站成本构成

成本构成	单价（元）	年数量	年费用（万元）	月费用（万元）
人力成本	80000	4	32	2.67
用电成本	0.8	440190	35.2	2.93
维护成本	100000	1	10	0.83
原料成本	15	73000	109.5	9.125
运输成本	1500	365	54.75	4.56
合计			241.4652	20.12

(1) 从氢气原料价格分析

氢气成本高昂究其原因还是技术瓶颈。目前制氢包括两个途径：工业副产氢和可再生能源电解水制氢。工业副产氢分布比较分散，相对集中的地区有华东地区的工业盐场。

我国建成和运行的加氢站主要集中在经济发展领先的东部地区，氢能产业建设投资力度大、工业基础强，氢燃料汽车发展迅速，对氢气的需求量与日俱增，部分地区出现氢气资源短缺的现象。然而经济实力较弱的西部却有丰富的可再生能源可用于制氢，例如西南地区的水电资源、西北地区的风能和太阳能资源。但目前氢气难运输的问题很难解决东西部氢源和用氢平衡问题，这也在一定程度上导致了氢气原料的价格很难降下来。

(2) 从设备价格分析

目前我国制氢、储氢、加氢等环节的核心元器件依然无法实现国产化，即使加氢站核心设备压缩机已经实现国产化，但是其后期的维护和运行存在成本高、频次高的问题，因此整体设备费用和运行费用依然居高不下。

(3) 从氢能源建设角度分析

从氢能源建设上看，我国还有很大的潜力可以挖掘。氢能源基础建设是一项国家计划，需要举全国之力，目前全国加氢站的建设工作已经进入加速期。由于目前常规的高压气态加氢站受制于运输和储存问题，导致销售成本过高，因此液氢加氢站逐步开始成为行业内的研究方面，充分利用液氢储氢密度高的优势解决气态氢气无法远距离运输的问题。

(4) 从技术和监管角度分析

高压存储氢气的危险性非常高，特别是高压条件下对设备材质的要求更高，设备也更容易出现故障，相比低压低温存储的液氢更加危险。从储氢量上看，长管拖车高压 trailer 一般重量在 22~26 吨，氢装载量在 350~370kg；而液氢罐箱加行走装置不超过 20 吨，自重就比高压的 trailer 轻 20%~30%，液氢装载量 2.5 吨。当 1 天加氢量规模达到 1000kg 以上时，液氢储氢加氢站设备投资就比高压的低 20%，因此，液氢加氢站的低成本可能是未来加氢站降低成本的方向之一。

高压储存密度比较小，加氢量越大，需要储存备用的就越多，也就意味着需要更多的可更换的高压长管拖车或储氢瓶组，如果量大，需要的压缩机也非常庞大，设备投资高。反观液氢储氢，不用新增设备，1 个 $60m^3$ 的液氢罐就可储存 4 吨液氢，不用新增设备，而且量越大，液氢储存的优势越明显。用液氢泵对液体进行增压，能耗比压缩机给气体增压的能耗节省 50%。

还有一个是加注过程，500kg/d 以上的高压加氢站都要有预冷装置实现连续快速加氢，而冷却装置耗电量很大。液氢储氢加氢站可以通过冷能回收利用而不需要预冷装置。增压环节能耗节省了一部分，预冷部分又省了一块。从电费这个角度综合来看，液氢储氢加氢站在相同加注量的情况下，耗电量只占高压加氢站的 1/3，加上其他消耗最多不超过 40%。

高压储氢站要想盈利，1 天加氢量必须超过 500kg，而且运营成本高。但只要 1 天的平均加氢量超过 200kg，液氢储氢加氢站就可以完全碾压高压。

随着国家政策补贴的红利转向加氢、充电桩行业，2019 年有望成为加氢站、充电桩行业的"拐点"，国家政策的上调，也刺激着加氢、充电基础设施建设，使得加氢、充电基础设施建设出现前所未有的良好局面。

目前加氢站的建设成本迅速下降，运营商主要为：石化能源公司 + 汽车巨头+车企+地方企业（如表6-17所示）。

表6-17 主要同行企业的加氢站发展

同行公司	天然气制氢技术	加氢站建设	燃料电池技术
壳牌	拥有核心技术	已建10+，计划2030年建设400+	未见公开报道
道达尔	拥有核心技术	已建30+，计划2020年建设100+	未见公开报道
东京燃气	拥有核心技术	合资成立加氢站建设公司，已参与建设多个，计划2020年建设160+	拥有核心技术
韩国燃气	拥有核心技术	计划5年内建设30+	拥有核心技术
大阪燃气	拥有核心技术	合资成立加氢站建设公司	拥有核心技术

6.7 加氢站运营安全分析

加氢站在运营过程中的危险因素主要包括物料、高温、噪声、粉尘、机械伤害等，下面就主要的危险因素和防护措施加以分析。

6.7.1 危险因素分析

（1）物料危险分析

氢气是加氢站的主要物料，其具有易燃、易爆等危害特性。根据《危险化学品目录》（2020版），其特性见表6-19，急救、应急处理措施见表6-18。

根据《国家安监总局[1]关于公布首批重点监管的危险化学品名录的通知》（安监总管三〔2011〕95号）、《国家安监总局关于公布第二批重点监管的危险化学品名录的通知》（安监总管三〔2013〕12号）规定，氢气属于国家首批重点监管的危险化学品。

---

[1] 2018年3月，中华人民共和国应急管理部设立，不再保留国家安全生产监督管理总局。为陈述方便，此处仍采用此名称。

表6-18　危险化学品急救、应急处理措施

物质名称	急救措施	应急处理措施
氢气	吸入：迅速脱离现场至空气新鲜处。保持呼吸道通畅；如呼吸困难，给输氧；如呼吸、心跳停止，立即进行心肺复苏术，就医。 皮肤接触：如发生冻伤，用温水（38℃~42℃）复温，忌用热水或热辐射，不要揉搓，就医	人员防护措施、防护装备和应急处置程序：消除所有点火源。根据气体扩散的影响区域划定警戒区，无关人员从侧风、上风向撤离至安全区。建议应急处理人员戴正压自给式呼吸器，穿防静电服。液化气体泄漏时穿防静电、防寒服。作业时使用的所有设备应接地并尽可能切断泄漏源。喷雾状水抑制蒸汽或改变蒸汽云流向。 环境保护措施：防止气体通过下水道、通风系统和有限空间扩散。 泄漏化品的收容、清除方法及所使用的处置材料：隔离泄漏区直至气体散尽

表 6-19 危险化学品及特性表

物质名称	危险化学品分类	相态	密度(水=1)	沸点℃	熔点℃	闪点℃	自燃点℃	接触限值 mg/m³	毒性等级	爆炸极限 v%	火灾危险性分类	危害特性
氢气	易燃气体,类别2.1	无色无味气体	0.07	-252.8	-259.2	—	500~571	—	—	4.1~75	甲类	危险特性:极易燃,与空气混合能形成爆炸性混合物。气体比空气轻,在室内使用和存储时,漏气上升滞留屋顶不易排出,遇火星会引起爆炸。健康危害:本品在生理学上是惰性气体,仅在高浓度时,由于空气中氧分压降低才引起窒息。在很高的分压下,氢气可呈现出麻醉作用。缺氧表现为心悸、气促、头昏、头痛、无力、眩晕、恶心、呕吐、耳鸣,视力模糊,思维判断能力下降等缺氧表现。重者除表现为上述症状外,很快发生精神错乱,意识障碍,甚至呼吸、循环衰竭。液氢可引起冻伤

(2) 噪声危险分析

加氢站的噪声主要来自氢气压缩机的运行、冷却水风机运转等，长期的噪声会影响听力系统，因此加氢站要增加一些防噪声设施。

(3) 高温危害分析

在夏秋季，压缩机等工艺装置存在的生产性热源而使周围工作环境的温度明显高于大气环境的温度，即存在高温危害。高温作业会使人的反应能力和判断能力下降，大大提高了违章事故的发生概率。巡检工因接触到高温，有可能受到高温职业病危害。

(4) 粉尘危害分析

在生产过程中，如果操作不当发生意外事故或者因检修、更换催化剂等原因，人员进入含有这些物料的密闭空间或者接触到这些物料，有可能产生粉尘危害。会产生不同程度的健康危害。

(5) 机械伤害

加氢站站内存在电动机等设备，在不规范的操作情况下有可能会引起机械性伤害。

(6) 高处坠落危险

当作业人员在操作平台上作业，或者检修检查时，若防护措施、个体防护缺失或不当，以及作业区照明不佳，可能发生作业人员坠落事故。

(7) 触电、静电伤害

加氢站站内存在压缩机等电气设备，在带电的状态下，人体一旦接触或接近这些电气设备，轻则被电击或被电伤，重则会造成死亡。并且静电积累到一定程度就可产生火花放电，可能引起火灾，因此站内需要设置静电设施。

6.7.2 安全防范措施

(1) 管理上的防范措施

火灾、爆炸是加氢站的主要危害因素，所以根据装置火灾危险的特点，防火安全设计本着"预防为主，防消结合"的原则，从预防火灾、防止火灾蔓延和消防三方面采取措施，确保防火安全。

加氢站应设有安全管理机构，配备专职安全管理人员负责装置内的安全卫生、消防管理工作，并配备相应的安全管理设施。

在装置运转之前，必须对操作人员、生产管理人员进行安全教育，制定必要的安全操作规程和管理制度，操作人员上岗前必须经安全考核，合格后才能上岗。操作人员的操作水平，不仅决定着当班的生产水平，还决定着安全水平。认真及时的巡检及高水平的操作是防范一般事故、及时处理重大事故的前提。

制定正常运行、开工、停工、事故处理等不同操作过程的操作规程及应急预案。开车前，必须检查所有冷却水、排放口、取样点等阀门，确保处于正常状态。项目投产后定期对装置进行检修和清洗，确保生产装置的安全、正常运转。

大部分急性职业中毒事件发生在抢维修作业中，应定期进行设备检维修作业，加强抢维修作业场所的监护和管理。进入存在窒息介质设备或狭窄封闭场所作业时，应进行充分的气体置换，并保持作业场所良好的通风状态；定时检测残留气体浓度，确保作业场所符合国际职业卫生标准；现场设监护人员、警示标志、现场救援设备等，确保检修人员的生命安全和身体健康。

员工树立安全防范意识，严格遵守和执行操作规程。熟练掌握工艺过程、控制指标、高低极限、不正常因素分析、事故多发部位、异常工况处理，开展经常性的事故预案演练。

（2）工程设计阶段的防范措施

在工程设计工程中应严格遵守国家和行业的规章制度与标准规范，不留隐患，在预防事故措施、控制事故措施、减少与消除事故影响措施方面严格把关，实现长期、安全、稳定生产，使职工人身安全与健康得到保障。

①总图布置。

设计中应严格执行国家有关部门现行的设计规范、规定及标准，特别是目前加氢站以及氢能相关领域的规范更新速度非常快，设备布置应尽量贯彻露天化的原则，应按规定等级设计厂房及构筑物。按照规范要求，设置环形消防道路。

②工艺系统。

按规范要求设置安全阀、泄放阀、爆破片等安全泄放设施以确保设备的安全。设置必要的安全联锁系统，尽量防止事故的扩大化。

③建筑结构。

建筑和结构设计过程要在工艺流程的基础上，充分考虑当地的地质、自然、地震烈度等条件，然后进行综合全面的设计。

④电气。

现场的生产设备都要增加静电处理措施，以保证装置的安全稳定运转和事故状态用电。本项目装置属于爆炸性气体危险环境。严格按照《爆炸危险环境电力装置设计规范》中的要求选用相应等级的防爆电器和本安型或隔爆型仪表。电缆敷设设计充分考虑防火、防爆的要求。电缆采用阻燃型。

⑤自控。

在正常工况下，采用DCS系统对过程参数（温度、压力、液位、流量等）进行集中控制、监测、记录和报警；过程参数集中在控制室DCS系统上指示、自动调节及趋势记录，并对一些重要的操作参数设置超限报警，以确保操作安全平稳。非正常工况下，采取连锁保护、安全泄压、紧急切断、事故排放等。

生产过程中产生的物料大多具有易燃易爆的性质。为及时、准确地探测和报告可燃气体的泄漏，采取相应措施，以保护生产设施和人员的安全，应在相应区域设有检测探头，将信号传送至控制室GDS系统，并进行报警，以便由操作人员或由控制仪表采取必要措施。

（3）卫生防护措施

①防毒措施。

从安全出发，设备、管道采取有效的密封措施，防止物料跑、冒、滴、漏，杜绝危险物料泄漏；通过DCS、SIS系统和仪表等设备，在整个生产过程中采用安全连锁和事故紧急停车措施。对化学品输送、加工、储存全过程实行智能化管理，机械化操作，工人仅进行巡检。

首先在有腐蚀和有害的岗位均设有事故淋浴洗眼器，并做上明显标记，供事故时临时急救用。在生产现场设置风向标，以利于事故下的人员疏散。其次，在有可能存在职业中毒危害的场所设置黄色区域警示线、警示标识和中文警示说明，并设置有毒气体探测器。

②防噪声措施。

本项目噪声控制设计严格执行《工业企业噪声控制设计规范》（GB/T50087-2013）等规范要求，设计中优先选用低噪声设备。首先，对高噪声的设备采取隔声、吸声、消声和减振等噪声控制措施。其次，外操岗位人员配防噪声耳塞、耳罩等供工人巡检使用，减少噪声对操作人员的听力损害。最后，采取相关措施确保工作人员8小时接触噪声值符合规范要求。另外，在开工、停工、检修吹扫过程中，采用临时加消音器的措施。

③防粉尘措施。

在更换催化剂、配置催化剂过程中，操作人员可能受到催化剂粉尘的伤害。为此，根据操作岗位需要，配备防护服、防护手套、防尘口罩等个人劳动保护用品。

④个人防护装备。

根据作业环境特点，配备个人防护装备，如安全帽、防静电服、防护鞋等，同时按需要配备必需的四合一便携式气体检测仪。

⑤应急救援。

制定应急救援预案，加强员工职业卫生相关知识及自救互救能力的培训，提高作业人员自我保护意识及自救互救能力，使每位员工掌握所接触毒物正确的应急处理方法。

一是对可能发生化学性灼伤及经皮肤吸收引起中毒事故的作业场所，设置清洁供水设备；二是对溅入眼内引起化学性眼炎或灼伤可能的作业场所，设置淋浴、洗眼设备。如存在氢氧化钠等的作业场所，应配置现场冲洗设施，并需配有不间断的供水设备，安装的位置尽量靠近易发生损伤地点，并根据区域大小，合理设置洗眼器和淋浴器的数量。

对于所设置的应急救援设施要进行经常性的维护、检修，对其性能和效果定期检测，确保其处于正常状态；同时配备消防和紧急救援装备，如消防队员个人防护装备、破拆工具、通信工具、常用抢救器材以及药品等。对应急救援设施不得擅自拆除或者停止使用。

6.8 加氢站建站标准参考

2005年国家建设部[①]和质监局联合颁布了升级的《氢气站设计规定GB50177-2005》，对国内新建、改建、扩建氢气站和供氢站及厂区设计提供依据。随后国内氢能和加氢站标准大多是近十年颁布的，集中在加氢站设计、建设、安全及关键设备等。目前国内加氢站建设参考的标准主要有

---

① 中华人民共和国建设部于1988年4月设立，2008年国家组建中华人民共和国住房和城乡建设部，不再保留中华人民共和国建设部。此处为陈述方便，仍用此名称。

《加氢站技术规范 GB50516 – 2010》《加氢站安全技术规范 GB/T34584 – 2017》,此两个标准均引用了《氢气站设计规定 GB50177 – 2005》,具体见表6 – 20。

表6 – 20　加氢站建设主要参考标准

序号	修订年份	名称	标准号
1	2005	《氢气站设计规定》	GB50177
2	2008	《氢气使用安全技术规程》	GB4962
3	2009	《燃料电池汽车加氢站技术规程》	DGJ082005
4	2010	《加氢站技术规范》	GB50516
5	2011	《氢气第2部分:纯氢、高纯氢和超纯氢》	GB/T3634.2
6	2012	《氢燃料电池电动车示范运行配套设施规范》	GB/T29124
7	2013	《氢系统安全的基本要求》	GB/T29729
8	2014	《汽车加油加气站设计与施工规范》	GB50156
9	2014	《汽车用压缩氢气加气机》	GB/T31138
10	2014	《压缩氢气车辆加注连接装置》	GB/T30718
11	2017	《加氢站用储氢装置安全技术要求》	GB/T34583
12	2017	《质子交换膜燃料电池供氢系统技术要求》	B/T34872
13	2017	《加氢站安全技术规范》	GB/T34584
14	2017	《氢能车辆加氢设施安全运行管理规程》	GB/Z34541
15	2018	《建筑设计防火规范》	GB50016

第7章 氢能发展的瓶颈

中国氢燃料电池汽车发展势如破竹,在各地发展热潮中,氢燃料电池汽车也正在遭遇现实的尴尬,我们需要冷静思考:氢能经济的基础在于制氢、储氢、加氢,其后才是汽车用氢,而氢燃料汽车发展最基础的加氢站,这在中国还属于薄弱环节。

目前国内对氢气仍作为危化品进行管理,相关管理的顶层设计缺失,管理部门分散且欠明确,导致氢的"制储加运"全流程并没有真正理顺。这也成为阻碍国内氢燃料电池汽车商业化、规模化发展的牵绊,下面将对目前氢能发展遇到的瓶颈问题进行的总结。

7.1 氢气性质定位

目前氢气仍归属于危险化学品而非能源气体,这将不利于加氢站的选址、建设和氢能汽车的推广,也让部分地方政府对燃料电池汽车"敬而远之",普通消费者更是"谈氢色变"。

政府的管理组织架构有分级管理和归口管理的条块划分。虽然氢能被越来越多的地方政府看好,但就加氢站建设而言,其归口管理还未明确。加氢站到底属于能源管理还是属于危化品管理,目前仍是个问题。

氢气按照危化品管理的相关规定,加氢站的建设"障碍"重重。首先,加氢站的建设成本高是全球氢能产业发展面临的普遍性问题,而国内将氢作为危化品管理则使建站付出的投资成本、土地成本、时间成本更高。在充分考虑安全以及国际通用性的情况下，以每天加氢能力为 1000kg（10h）的固定式 35 MPa 加氢站为例，初始建设投资金额为 1590 万~2000 万元（不包括土地成本及供氢长管拖车的成本）。

7.2 民众认识不足，科普不到位

针对氢能经济、氢燃料电池汽车的安全性、适用性、发展方向等方面的知识普及推广不到位，科普管理部门、科技媒体、汽车行业媒体的宣传推行还远远不够。在新闻报道过程中，没有从科学的角度进行分析，导致存在对氢气的安全性过于敏感的现象。这些都造成了民众对氢气的安全性缺乏认识，在项目执行过程中会带来重要阻力。

7.3 扶持政策连贯性不足

虽然国家和地方政府鼓励和支持加氢站的建设，但扶持政策缺乏连贯，很难拿到加氢站"准生证"。

7.4 战略定位不明确

国内对氢燃料汽车和氢能发展的认识和了解不够全面、不够透彻，导致对其定位不够明晰。

对氢能的认识和战略定位至关重要。虽然我国已在国家战略层面明确将氢能作为能源架构中的一个重要组成部分，并将燃料电池汽车定位为我国汽车行业发展的主流方向之一，但实际到执行层面，往往大打折扣。

和 LNG 接收站领域一样，国内从缺少规范，缺少从企业标准到行业标准并到国家标准的落实。但是，目前行业在不断更新和增加标准规范，相关政策法律法规也逐步出台起到政策指引，解决氢能源标准化水平，从企业标准到行业标准并到国家标准的落实。

7.5　审批流程复杂

立项报批历来是个老大难问题，2018年3月全国首个地方性的加氢站审批及监管地方管理办法——《武汉经济技术开发区（汉南区）加氢站审批及管理办法》正式出台，明确了加氢站的项目选址、报建、施工、经营全过程的审批及管理流程和相关监管职能部门。

业内无不期待其他地方也能尽快出台类似管理办法。即使在政府最支持的地方，走完建设加氢站的全套审批流程，最快也需要半年时间。在加氢站的建设过程中，规划、立项、审批、运营监管方面均会遇到难题，相关方面的制度很不健全。

7.6　建设成本过高

通常认为加氢站建设成本是全球氢能产业面临的相同困境。曾经有公开资料显示，不含土地费用，加氢站建设成本为1500万~2000万元，其中设备成本约占80%。

但随着技术升级，关键设备材料下降，建站成本目前普遍有所降低，江淮某地建站成本约为800万元。

7.7　归口管理问题

加氢站如果为城市公交和物流服务，就需要建设在城市或城郊，但现在一、二线城市人口密集，寸土寸金，建站的最大问题是土地。在申请加氢站建设时，必须申请使用商业用地，如果建设在相对较为低廉的工业用地上，那么建设好的加氢站可能只给自己的产品加氢或进行实验，不能公开运营。

2013年，日本开始尝试"加油站网络嵌套加氢站"，很好地解决了加氢站土地建设问题，在安全管理方面也可以实现并行管理，据了解，日本已经实现无人氢能清洁多功能汽车小区作业。目前国内关于加氢站与加油站、加气站的合建技术规范已制定完毕。

2019年国务院发布了《关于落实〈政府工作报告〉重点工作部门分工的意见》，对稳定汽车消费，推动充电、加氢等设施建设明确了相关主管部门，即由财政部、工信部、国家发改委、商务部、交通运输部、住房城乡建设部、国家能源局等按职责分工负责。随后，上海市、广东省、江苏省等地的加氢站建设主管部门相继明确，其中上海和广东由住建部门负责，江苏由安监部门负责。这无疑是理顺氢能管理、明确主管部门的良好开端。

7.8 技术标准不统一

业内争议比较大的，就是关于加氢站建设技术和标准，这方面，全球范围内也没有统一的标准。以压力等级为例，车载氢系统是70MPa还是35MPa，到底哪个压力等级更好，国内外均有不同的观点。

目前国内加氢站大多为液氢储氢35MPa高压供氢加氢站，35MPa相比日本70MPa功耗降低和利用率明显逊色，而且35MPa车载储氢瓶无法满足长距离、高载重要求。但欧美和国内一部分专业人士却不赞成使用70MPa标准，因为相应能耗和投入成本过高，目前还没有足够成熟的技术可以解决70MPa压缩后稳定加注的问题。

70MPa相比于35MPa，储氢在氢瓶上增加的设备和材料成本，以及加氢站增加的能耗会增加一倍以上，远高于70MPa储氢。相比35MPa储氢增加的60%左右的储氢量，其经济性仅仅适合乘用车。

70MPa在全球商用车辆上的应用极其有限，国外商用车的发展方向是液氢储氢和深冷高压储氢，乘用车的未来是深冷高压储氢。目前日本的叉车、客车等工程用商用车辆，也是采用35MPa储氢。

日本大力发展70MPa压力等级是因为日本研发是立足在全功率燃料电池轿车，想达到500km以上的续航里程受空间限制只能采用70MPa氢系统。同时，日本拥有高性能碳纤维技术和70MPa压力等级瓶口阀、减压器等关键零部件技术，其产业联盟形成了全产业链配套，70MPa氢系统具有成本优势。另外，日本加氢站通常采用液氢储氢、液氢蒸发直接获取高压的技术方案，使氢气增压成本大幅降低，70MPa加氢站也具有成本优势。如果中国目前大力发展70MPa，原材料和关键零部件将严重依赖进口，同时还将面临国外公司的专利保护问题。

国家氢燃料汽车相关技术正逐渐提速改进，不断提高储氢瓶及系统集成技术。目前已经具备了70MPa氢系统集成技术，考虑到70MPa在长途、重载等方面的优越性，建议加氢站建设初期，可以同时进行35MPa和70MPa两个压力等级的建设方案设计，并预留70MPa压力等级的建设空间和接口，对加氢站成本没有影响，还可以等70MPa技术成熟后，及时更新换代。

7.9 技术储备不足

中国的氢能领域以创业公司居多，氢能供应链有待成熟；中国氢能产业零部件（动力系统、加氢站零部件等）的核心技术与全球顶尖水平仍存在差距。在氢气的制备与低温液氢的发展上已处于高成本阶段，无法满足目前氢能行业的发展要求。

国内目前还缺少涉氢试验检测的条件和数据的积累，液氢产业链与国外比差距很大，涉及民用液氢的试验检测条件和检测标准方法还处于空白，严重阻碍了液氢基础设施的建设和产品开发。

此外，我国在质子交换膜组、发动机、传感器、减压器、瓶口阀等核心产品的技术储备上还比较薄弱，尚有许多技术难点需要攻关，尤其是在加氢站建设过程中的氢气压缩机、加氢站不锈钢材料、加氢站温度，以及氢气运输等方面上尚存一定争议。

7.10 上、下游一体化

近几年新能源汽车行业发展迅速,行业面临升级和整合双重压力,现阶段整车厂对燃料电池的理解不足,很多刚刚进入行业的供应商还在学习阶段,氢能基础供应体系尚未建立,燃料电池堆技术发展仍面临挑战。

一方面,产品性价比不高,不能切实满足消费者的需求;只有通过规模化、集成化、模块化,进一步降低生产成本和产业运营成本,才能形成良好的市场局面。

另一方面,作为基础设施的加氢站建设依然处于落后,没有从整体上对上、下游进行充分的对接,在这个时期需要行业上、下游展开长期合作,共同克服困难,以做出好的产品为目标协同发展,避免带着问题就大干快干。所以,只有通过合作并经过较长时间的小规模示范运营,让上、下游磨合平稳过渡完,行业才可能迎来爆发。

第8章 结论与展望

在当前世界原油经济大幅震荡的背景下,氢能已经成了清洁新能源的代名词,氢能行业的市场热度持续提升,国内各个城市和省份纷纷出台氢能政策与规划,抢占市场,氢能小镇、氢谷、氢能经济开发区等大大小小区域和联盟如井喷之势发展。

但同时也应清醒地看到,以氢能为路径应对气候变化,实现经济结构和能源结构转型的愿景仍然要面对诸多的挑战。首先,氢能产业规模和经济性有待提升,氢能产业尚未达到全面工业化的程度,各阶段的技术尚未成熟,未能形成大规模商业化的应用。其次,可再生能源制氢在氢能版图中的所占比例过小。现在的氢源还主要来自化石能源制氢和工业副产氢。可再生能源制氢成本还远高于化石能源制氢,市场竞争力薄弱。另外,在项目审批、市场运行和监管制度方面还需要进一步完善。

随着时代的进步,各项技术的革新,政府的各项政策的持续扶持,发展氢能源,优化能源结构,力争实现"氢能社会"将会是优化我国能源结构、推动能源消费和供给革命、建设"美丽中国"、保障国家能源安全的重要手段。氢能作为最清洁的能源载体,必将迎来"属于它的时代"!

参考文献

[1] 伊记. 能源科学知识[M]. 石家庄:河北科学技术出版社,2013.

[2] 张青莲. 无机化学丛书[M]. 北京:科学出版社,1993.

[3] 孙万付. 危险化学品安全技术全书[M]. 北京:化学工业出版社,2017.

[4] 李兴武. 核化学的诞生与发展——以诺贝尔化学奖为线索[J]. 化学教育,2015.

[5] 景春梅,闫旭. 我国氢能产业发展态势及建议[J]. 全球化,2019,1(3):82-92.

[6] 张聪. 世界氢能技术研究和应用新进展[J]. 石油石化节能,2014,4(8):56-59.

[7] 吕江. 从国际法形式效力的视角对美国退出气候变化《巴黎协定》的制度反思[J]. 中国软科学,2019,1(1):10-19.

[8] 朱俊娥,欧阳洵. 质子交换膜燃料电池技术及产业发展概述[J]. 新材料产业,2018,8(5):20-26.

[9] 郑丹. 发展氢能须不忘初心——专访中国工程院院士、国家能源专家委副主任杜祥琬[J]. 中国石油石化,2019,17:34-35.

[10] 王虹,梁雪莲,陈庆玺. 氢能产业政策研究[J]. 煤气与热力,2020,40(7):27-31.

[11] 高文日. 氢燃料电池在轻型乘用车上的应用[J]. 时代汽车,

2019,13:69-70.

[12]陈立新,肖献法.《打赢蓝天保卫战三年行动计划》直接涉及机动车的要点及简析[J].商用汽车,2018,8:29-33.

[13]赵旭,杨艳,高慧.世界主要国家和能源企业加快氢能产业布局[J].中国石化,2019,19(5):16-21.

[14]赵学良.美国氢能及燃料电池产业发展现状及启示[J].当代石油石化,2021,29(10):10-15.

[15]张长令.国外氢能产业导向、进展及我国氢能产业发展的思考[J].中国发展观察,2020,1:116-119.

[16]梁慧.日本氢能源技术发展战略及启示[J].国际石油经济,2016,24(8):87-95.

[17]沈浩明.中国氢燃料电池汽车产业发展研究[J].上海汽车,2018,4:35-39.

[18]白秀娟,刘春梅,兰维娟,等.国内外车用氢燃料电池技术应用进展[J].广东化工,2019,46(20):50-51.

[19]赵波,赵鹏程,胡娟,等.用于波动性新能源大规模接入的氢储能技术研究综述[J].电器与能效管理技术,2018,16:1-7.

[20]负强,陈亮,邢文超.从专利垄断到专利开放——丰田汽车公司专利战略调整的原因及启示[J].全球科技经济瞭望,2019,34(9):9-17.

[21]李政阳.全球治理下的环境威胁安全研究[J].管理观察,2019,33:49-51.

[22]刘洪生,段炼,杨燕梅,等.标准化助力氢能产业发展[J].中国标准化,2018,1(15):46-52.

[23]王菊.国内外燃料电池汽车发展政策综述[J].太阳能,2013,1(11):8-10.

[24]殷亦男.新能源汽车的特点及发展[J].考试周刊,2013,1(64):

196-196.

[25] 潘相敏,林瑞,李昕,等. 氢能与燃料电池的研发及商业化进展[J]. 科技导报,2011,29(27):73-79.

[26] 王学军,张永明. 宇宙元素驱动氢能经济[J]. 氯碱工业,2019,10:9-16.

[27] 戴鄂. 氢能来了[J]. 国企管理,2019,55(10):53-57.

[28] 艾斌,王志远,赵嘉瑶,等. 广东省氢能燃料电池汽车标准体系框架构建[J]. 中国标准化,2020,1(8):117-122.

[29] 王吉华,居钰生,易正根,等. 燃料电池技术发展及应用现状综述(下)[J]. 现代车用动力,2018,1(3):1-5.

[30] 宋鑫陶. 山东迎来"氢机遇"[J]. 商周刊,2020,1(15):14-15.

[31] 孔垂颖,刘双虎,门峰,等. 我国加氢站行业发展驱动力分析[J]. 汽车工业研究,2020,1(2):20-23.

[32] 赵洪雪,李枭,庞知非,等. 氢燃料电池汽车发展现状浅析[J]. 交通节能与环保,2020,16(4):11-15.

[33] 刘思明. 我国氢能源产业发展前景浅析[J]. 化学工业,2018,36(5):16-18.

[34] 程亮. 制氢工艺技术比较[J]. 中国化工贸易,2013,(1):119-119.

[35] 刘圣华,姚明宇,张宝剑. 洁净燃烧技术[M]. 北京:化学工业出版社,2006.

[36] 韩伟伟,郭少峰. 低温甲醇洗制冷系统的优化[J]. 化工设计通讯,2013,39(1):78-81.

[37] 唐璐,邱利民,姚蕾,等. 氢液化系统的研究进展与展望[J]. 制冷学报,2011,32(6):1-8.

[38] 杨文刚,李文斌,林松,等. 碳纤维缠绕复合材料储氢气瓶的研

制与应用进展[J]. 玻璃钢/复合材料, 2015, 1(12): 99-104.

[39] 刘佳, 周强. 我国燃料电池汽车及用氢发展现状浅析[J]. 太阳能, 2017, 1(4): 24-29.

[40] 邵志刚, 衣宝廉. 氢能与燃料电池发展现状及展望[J]. 中国科学院院刊, 2019, 34(4): 469-477.

[41] 冼静江, 林梓荣, 赖永鑫, 等. 加氢站工艺和运行安全[J]. 煤气与热力, 2017, 37(9): 51-56.

[42] 李雪松, 许剑, 周远喆. 撬装加氢装置技术方案研究[J]. 天然气化工, 2019, 44(3): 61-64.

[43] 朱琴君, 祝俊宗. 国内液氢加氢站的发展与前景[J]. 煤气与热力, 2020, 40(7): 15-19.

[44] 李鹏, 肖建群. 电解水制氢在电厂和氢能项目的设计应用[J]. 南方能源建设, 2020, 7(2): 41-45.

[45] 张旭. 氢燃料电池汽车加氢站相关标准分析与建议[J]. 现代化工, 2020, 40(2): 1-6.

[46] 王江涛. 多种形式加氢合建站建设优化与技术研究[J]. 现代化工, 2022, 42(1): 7-12.

[47] 郝加封, 张志宇, 朱旺, 等. 加氢站用氢气压缩机研发现状与思考[J]. 中国新技术新产品, 2020(11): 22-24.

[48] 张彦纯. 加氢站主要工艺设备选型分析[J]. 上海煤气, 2019(6): 10-13.

[49] 张稳. 氢压机活塞杆断裂失效分析与应对措施[J]. 炼油与化工, 2018, 29(3): 38-41.

[50] 黄己祷. 氢气隔膜压缩机油路系统清理方式的改进[J]. 聚酯工业, 2014, 27(4): 40-43.

[51] 邓赞群. 工业噪声对人体健康影响的调查[J]. 中国医药导报,

2011,8(23):122-123.

[52]席丽青.浅谈化工项目的安全设施设计[J].江西化工,2016(6):159-160.

[53]罗嗣梅.化工企业建设项目安全设施设计方案研究[J].化工设计通讯,2020,46(11):113-114.

[54]许传博,吕晓燕.氢能来了你还在"谈氢色变"吗[J].科学大观园,2021(19):74-77.